PRÓLOGO

En este libro no vais a encontrar un listado de opciones para ganar miles de euros al mes de forma pasiva, con las cuales posiblemente perderás en realidad más de lo que ganarán (en tiempo y dinero), tampoco quiero venderte la idea que en realidad hay una manera única que yo y algún director general sabemos sobre cómo pagar la hipoteca en un par de años sin apenas esfuerzo, ni quiero que pienses que vengo a convencerte para que alquiles las habitaciones de tu hogar y haciendo así que realmente pagues tu hipoteca en menos tiempo. Todas estas opciones, que en mayor o menor medida podemos encontrar en libros relacionados con las finanzas personales y el pago de préstamos, no hacen más que hacer perder el tiempo y el dinero de quienes compran y realmente están buscando opciones reales de reducir el tiempo en el que sus hipotecas forman parte de su vida.

Las hipotecas no son un producto financiero el cual debamos menospreciar ni tenerle una especial manía, pues en realidad cumple una función muy importante en la sociedad actual. Si bien sus intereses pueden ser importantes y las empresas que las venden no son el más pro-trabajador medio, lo cierto es que nos ayudan a entrar en el juego de la posesión de activos inmobiliarios que de otro modo no podríamos participar (obviando casos contados los cuales posiblemente no requieran de la lectura de este libro). Aquí no vamos a hablar en exceso de las virtudes y defectos de este producto, sino que nos vamos más a basar en conocer su funcionamiento, pero sobre todo como podemos utilizar nuestros ingresos y optimizar nuestros gastos para ir reduciéndola a mayor velocidad de la establecida en el contrato inicial.

Para quienes tengan respeto al entrar muy en detalle en cuanto a números se refiere seré claro, vamos a ver números, unos cuantos, pero la mayoría os van a sonar. Sí, vamos a hablar de sistema de amortización francés, pero también de vuestra cuenta de Netflix, vamos a hablar del Euribor, pero también de tu factura de la luz, por tanto, no vas a encontrar una lectura técnica a más no poder donde al finalizar querrás enviar este libro a un gestor personal para que lo ponga en práctica, sino que vas a entender lo que hablamos y para ello te voy a ayudar con ejemplos y sin utilizar más tecnicismos de los puramente necesarios.

Con esta introducción creo que ya podemos manos a la obra y es que cuando antes empecemos antes reduciremos la duración de esta hipoteca que tanto sacude nuestra cuenta bancaria a final (o inicio) de mes.

CAPÍTULO 0 - ¿POR QUÉ DEBERÍAS CREER LO QUE DICE UN TREINTAÑERO?

Buena pregunta la anterior, lo cierto es que este libro, a diferencia de muchos otros, no busca tanto un rendimiento económico (ya os digo que este tema no vende lo que debería) sino de divulgación de un método que a mí me ha funcionado y que en ningún caso considero que sea el único. También me gustaría indicar, que cuando digo método me refiero a una serie de acciones que he llevado a cabo para poder liquidar la hipoteca de mi vivienda en el tiempo que se indica en el título del libro, por tanto, en 9 años y en ellos me voy a basar para la escritura de del mismo.

Por contextualizar un poco más, actualmente poseo una vivienda en un municipio cerca de Girona (Cataluña) que adquirimos junto a mi pareja hará unos 10 años. Esta vivienda tenía un precio de venta superior al de la media (que iremos utilizando a lo largo de los diferentes ejemplos y números que veremos) y que la hipoteca la tuve a un tipo mixto siendo 10 años a tipo fijo y posteriormente y hasta la finalización del préstamo a tipo variable. Por último, quiero comentar que en ese momento los bancos aún no se hacía cargo de gran parte de los gastos derivados de la compra y que paguemos el 10% de ITP, pues se trataba de una vivienda que no era de obra nueva sino de segunda mano / usada.

A nivel más personal y por darme un poco más a conocer antes de entrar en materia, indicar que soy graduado en Administración y Dirección de Empresas y actualmente trabajo como analista de datos para una empresa multinacional, algo que si bien no está relacionado al 100% con la gestión de las finanzas personales ni mucho menos con la contratación o amortización de hipotecas, sí que me ha permitido adquirir conocimientos técnicos que posteriormente, como veremos en algunos ejemplos más adelante, han ayudado a crear herramientas que puedan emplearse para dicho fin. Por tanto, el mundo de las hipotecas y las finanzas personales lo conozco en cierto modo por vocación y por otro claramente por afectación directa como cualquiera de vosotros y vosotras.

En resumen, como alguien acostumbrado a trabajar con números y darle el valor que se merecen, así como por el interés personal por las finanzas personales y ante la posibilidad de compartir lo que a mi y a mi mujer nos ha funcionado para liquidar esta gran losa que consume gran parte de los ingresos de muchas familias, he decidido crear este libro que sin más rodeos si os parece empezamos.

CAPÍTULO 1 - ¿DÓNDE QUEREMOS LLEGAR?

Para iniciarnos en esta lectura, creo que es importante saber hacia dónde nos estamos dirigiendo, ya que, si bien el título del libro hace un spoiler bastante importante, lo cierto es que no sólo queremos llegar a conseguir "pagar la hipoteca en 9 años" sino que durante el camino y como parte necesaria para ello, iremos viendo otros aspectos relacionados como:

- Cuáles son nuestros hábitos de consumo
- Cómo de optimizadas están realmente nuestras finanzas personales
- Dónde tenemos el mayor potencial de ahorro
- Detección de gastos hormiga
- Cómo hemos de ver realmente nuestros gastos
- Cómo hacer previsiones a largo plazo

Entre otra variedad de aspectos, que, si bien a priori no relacionamos con la duración de la hipoteca, afectarán de un modo bastante importante. Todo ello nos llevará a finalmente reducir meses de hipoteca no obstante en el camino veréis que aprenderemos algo igual o más importante que es tener un control sobre nuestras cuentas y a aprender cuales son nuestros gastos reales e ingresos reales y como evitar que las fluctuaciones de estos en el tiempo nos impidan mantener el control.

Muchos de vosotros también pensaréis que la respuesta va más allá de este libro y es totalmente cierto, y es que, si bien nuestro camino acabará con nuestro préstamo hipotecario liquidado, ello no será más que un paso en el camino a partir del cual, espero, tendréis una buena parte de vuestros ingresos, hasta ahora inutilizables por la hipoteca, listos para invertir en lo que vosotros consideréis. A su vez, como indicaba anteriormente, a ello se le sumará una mentalidad y una metodología de gestión de las finanzas personales que os harán sacar aún más provecho de esos ingresos que obtenéis y tener más a rajatabla a esos gastos que os menguan la capacidad adquisitiva.

Sin más vamos a pasar a ver los primeros números y porque algo teórico siempre es más comprensible si lo contextualizamos en una historia, vamos a hablar a partir de ahora y durante todo el libro de Pedro y su mujer Claudia, que muy amablemente nos van a hacer un recorrido por sus buenos y no tan buenos hábitos y números.

CAPÍTULO 2 – PEDRO Y CLAUDIA, UNA PAREJA NORMAL

Pedro, el coprotagonista de este libro, es un joven de 30 años que hace 2 años se casó con su hasta el momento novia Claudia. Pedro y Claudia habían estado conviviendo durante los últimos 5 años en un piso de alquiler, y como medianamente pudieron fueron ahorrando poco a poco tanto para la boda como para lo que sería la futura entrada de una vivienda de propiedad.

Pedro, es un informático en una empresa del sector industrial que cobra 25.000€ brutos al año, lo cual se traduce en unos 19.900€ netos a su cuenta a final de año. Por otro lado, Claudia como maestra a media jornada, ya que el resto del tiempo lo ocupa en preparar oposiciones, cobra 16.000€ brutos anuales que se traducen en aproximadamente 13.600€ al año. Con ello en el hogar que acaban de formar este joven matrimonio se **ingresan anualmente 33.500€**.

Este número no es casualidad, en España, según fuentes del INE, la renta media por hogar en el año 2019 fue de 33.794€ (con alquiler imputado) y es que Pedro y Claudia son en todos los números que veremos, unos ciudadanos de los más comunes.

Pedro siempre ha sido algo más reacio que su mujer respecto a lo que la propiedad de una vivienda se refiere. No obstante Claudia, más dada a los números, siempre le ha insistido que sobre el papel parecía tener todo el sentido del mundo dar ese paso. Hasta la fecha y durante los últimos 5 años antes de la compra, habían estado viviendo en un piso bastante céntrico, cerca de sus respectivos trabajos, pero con un alquiler que se inició en 550€ y fue aumentado hasta los 750€ que pagaron en su último año allí, y es que el mercado del alquiler estaba claramente condicionado a la oferta y la demanda, y esta última se encontraba en auge.

Los cálculos a los que se refería Claudia era aproximadamente los siguientes:

- Hasta la fecha habían estado 5 años de alquiler con los siguientes costes en dicho concepto:

AÑO	IMPORTE/MES	ACUMULADO
1	550€	6.600€
2	550€	13.200€
3	600€	20.400€
4	675€	28.500€
5	750€	37.500€

Por tanto, un total de 37.500€ que habían pasado de sus manos a las del propietario de la vivienda, eso sí, ajenos a costes de reparaciones, impuesto de bienes inmuebles (IBI), cuota de comunidad de propietarios o derramas puntuales.

- También consideró que una vivienda como la que estaban buscando podría costar en torno a 160.000€ ya que si bien en un inicio el importe era más elevado pues buscaban lo mismo que tenían actualmente como alquiler, comprobaron que los precios bajaban un % nada despreciable por el hecho de estar a unos minutos del centro, algo que sinceramente Pedro parecía valorar bastante.

- De esos 160.000€ era necesario tener ahorrados entre 21.000€ / 22.000€, sin duda una cantidad nada despreciable y más teniendo una boda por medio, pero la cuota que según Claudia pasarían a pagar de hipoteca, rondaría los 450€ por tanto 300€ menos de lo que pagaban actualmente en concepto de alquiler.

Con esos números en la mano Pedro y Claudia quisieron dar un paso más y comprobar si realmente los números que había hecho Claudia eran correctos con lo que con este valor de vivienda en mente, sus nóminas en mano e ilusión y miedo por los bancos a partes iguales se dirigieron a las dos sucursales de su municipio. De este proceso descubrieron varios indicadores importantes, pero siendo tres lo más relevantes:

CONDICIÓN	INDICADOR
FINANCIACIÓN MÁXIMA (HIPOTECA)	80% PRECIO VIVIENDA
RATIO DE ENDEUTAMIENTO MÁXIMO	35% SOBRE LOS INGRESOS NETOS DEL HOGAR
COSTES DE COMPRAVENTA	ENTORNO AL 12% DEL PRECIO DE VENTA

El feedback de los bancos fue positivo en cuanto a los dos indicadores anteriores, pero fueron claros vs el tercero. Ese era cosa suya, necesitaban ahorrar tanto los costes derivados de la compraventa de su vivienda (notaría, tasación, IVA o ITP), como el 20% restante hasta llegar al 100% del precio de la vivienda. Si bien había amigos de la pareja los cuales habían llegado a recibir financiación del 90% e incluso 100% del precio de venta, los tiempos habían cambiado y los bancos se habían vuelto mucho más cuidadosos con este tipo de operaciones de alto riesgo. Pensemos que, en estos casos, estamos hablando que adquirimos una vivienda aportando únicamente el coste de los impuestos y poco más, con lo cual la deuda y su respectiva cuota pueden suponer, en caso de variación de los ingresos, un problema grave.

Motivados por la respuesta del banco, Pedro y Claudia hicieron sus cálculos sobre como conseguirían el dinero de la entrada y se pusieron un plazo de 2 años para ahorrar dicha cantidad, lo cual, hay que reconocer, consiguieron gracias a la ayuda de sus respectivos padres, así como el sobrante de los regalos de la boda.

Una vez consiguieron el dinero para la entrada de la vivienda volvieron a las sucursales bancarias que habían visitado un par años antes, así como a otras más alejadas pero que según habían leído, tenían tipos de interés competitivos. Tras una búsqueda de varias semanas y un par de pre-aprobaciones, consiguieron la financiación que requerían, concretamente:

- Hipoteca a 30 años
- Tipo de interés mixto (10 años al 1,50% y posteriormente Euribor + 0,89%)
- Importe financiación 127.800€
- Coste de amortización parcial o total 0% con un límite anual de 50.000€
- Productos vinculados: nómina por valor mínimo de 1.000€ mensuales, seguro de vida de ambos (por importe conjunto del 100% del capital solicitado), seguro de hogar

Con estas condiciones, Pedro y Claudia, tras varias visitas, semanas de espera, dudas a más no poder y una interesante, pero sería visita al notario, se convirtieron en los flamantes propietarios de un piso de 83 m2, con terraza de 10 m2, 1 cuarto de baño completo, 1 aseo, 3 habitaciones y cocina y comedor independientes. En resumen, todo lo que buscaban y que en su día les parecía tan inalcanzable.

Si aquí acabase la historia, tendríamos un proceso normal de cómo hacer los primero números para valorar si podemos permitirnos una vivienda o no, intentar ajustar el importe máximo que podemos permitirnos, saber los principales indicadores que los bancos van a tener en cuenta para aceptarnos o no la hipoteca y tener presente un tipo de interés aproximado que podríamos encontrar, así como la necesidad de tener productos vinculados (en muchas ocasiones) para disponer de dicho tipo de interés más competitivo. Pero como el objetivo de esta historia no es conocer cómo llegaron Pedro y Claudia a tener su piso, sino como consiguieron tenerlo pagado en un plazo de 9 años, me temo que deberemos seguir conociendo un poco más a esta pareja y a sus números, que al final, es lo que más nos va a ayudar a aplicar sus estrategias.

CAPÍTULO 3 – ¿PODREMOS CON TODO? CONOCIÉNDO DÓNDE ESTAMOS

Hasta el momento de la compra y ya en los últimos 2 años, Pedro y Claudia vieron como su capacidad de ahorrar cada vez se veía más menguada y como cada subida del alquiler les ocasionaba problemas en momentos puntuales. En la mayoría de las ocasiones solucionaban ese problema a base de tirar de ahorros o incluso en situaciones en que llegaron gastos importantes e inesperados tuvieron que acudir a su fuente de financiación más cercana hasta el momento, sus padres.

Con la compra de su vivienda y justamente durante su primera cena en ella, hablaron un poco de todo, sin duda la ilusión les llenaba de ganas de decírselo a todo el mundo, de hacer fotos y más fotos de cada rincón y postearlo en redes sociales, incluso poco faltó para avisar a todos sus nuevos vecinos que Pedro y Claudia habían llegado al edificio. Pero también fue en ese momento en el que empezaron a surgir las típicas conversaciones sobre que mueble poner aquí, que color de pared usar allí, y todas esas pequeñas cosas que hacen de una vivienda un hogar. Hasta el momento sólo disponían de un sofá que les habían regalado, un televisor que habían comprado y unos cuantos muebles de comedor y de dormitorio que había traído de su piso de alquiler. Al final cayeron rápido en la cuenta de que con la compra no acababa todo el gasto o inversión en vivienda, sino que aún les quedaba un largo camino por recorrer, si bien podían ir haciéndolo a otro ritmo, en este caso, más pausado.

Aun así y durante la cena, la conversación de la decoración derivó en una pregunta que ninguno de los dos supo contestar en aquel momento: ¿Vamos a poder con todo? Esta pregunta hacía referencia a sus posibilidades económicas para hacer frente a facturas, hipoteca, mantener sus coches y gastos derivados, así como todo el proceso de amueblado y decoración del nuevo piso. Durante unos segundos sólo se oía el lejano ruido de los coches pasar por la calle y la de los pernos de la cerradura del vecino de arriba al girar la llave de la puerta principal, al margen de ello, solo un silencio incómodo entre ambos y un cierto sudor frío ante una pregunta tan dura y quizás un tanto tardía.

La pregunta anterior fue clave, y es que cierto es que hasta la fecha las cosas habían ido saliendo y nunca habían llegado a dejar de pagar el alquiler, también era cierto que su hipoteca era 300€ inferior a su cuota de alquiler anterior, no obstante, en este caso tenían un hándicap importante: si dejaban de pagar podían perder su hogar.

Los bancos son amigables hasta que les fallas, y no pagar una cuota hipotecaria es una molestia importante para ellos, pero no pagar varias es un desafío que mejor no llevar a cabo. Con lo cual, durante la cena, acordaron que al día siguiente pondrían medios para llegar a dar una respuesta a la pregunta y por tanto saber si realmente podían con todo o de lo contrario, se habían precipitado más de la cuenta.

Al día siguiente, un soleado sábado de verano, Pedro y Claudia sacaron su portátil, sacaron la carpeta donde guardaban las facturas de los últimos años (manía de Claudia por lo que pudiera pasar) y abrieron la que creyeron podía ser una buena herramienta para poner un poco de orden, una hoja de cálculo. Expectantes ante este planazo de fin de semana, se pusieron frente a esa hoja llena de filas y columnas y con un aspecto más bien poco amistoso y al no tener muy claro por dónde empezar optaron por añadir gastos e ingresos. El resultado fue algo tal que así:

	INGRESOS
NÓMINA PEDRO	1.400,00 €
NÓMINA CLAUDIA	960,00 €
TOTAL	2.360,00 €
	GASTOS
LUZ	50,00 €
AGUA	60,00 €
GAS	60,00 €
INTERNET	40,00 €
NETFLIX	8,00 €
HIPOTECA	440,03 €
COMUNIDAD	40,00 €
GASOLINA	220,00 €
SUPERMERCADO	200,00 €
TOTAL	1.118,03 €

Si quién está leyendo estas líneas es gestor de banca personal o contable, seguro que cuanto menos le dará el visto bueno a su separación de activos y pasivos y es que en el fondo no era más que una prueba de concepto y esto ya es más de lo que muchas familias están realizando actualmente, si bien y como todo en la vida, se podía mejorar.

De esta hoja de cálculo inicial Pedro y Claudia sacaron una conclusión clara. ¡Podemos con todo! Durante unos aproximadamente 10 segundos de euforia, la pareja fue feliz y considero en planificar algún viaje con esos más de 1.000€ que les sobraban mensualmente. Durante el trayecto mental que iba desde el aeropuerto del Prat de Barcelona hasta el de Cancún en México cayó como un rayo un gasto obviado por ambos, Pedro dijo:

"¡No hemos tenido en cuenta el seguro de los coches!"

Aquí se abrió un hilo de discusión que es cuanto menos interesante, ¿el motivo? La encontramos en la respuesta de Claudia:

"Pero eso viene una vez al año, estamos calculando un mes normal"

Pedro y Claudia no acababan de convencerse de estar haciendo las cosas bien, si se dejaban el seguro del coche sin cubrir en esa hoja de cálculo se les presentaban varias casuísticas:
- Restar el importe del total anual de saldo sobrante
- No tenerlo en cuenta y dejar un margen de maniobra

Ante esta situación y durante el proceso de buscar el mejor método de mostrar ese gasto en sus cuentas, apareció otro rayo demoledor en forma de gasto, en esta ocasión fue Claudia quien recordó a su marido que había otro gasto anual, el ¡IBI! Es decir, el impuesto sobre bienes inmuebles que además no era precisamente un importe despreciable. En su caso rondaba los 500€, si bien vecinos suyos les habían comentado que año atrás estaba en 400€ per el ayuntamiento había ido variando el % de grabación con el paso de los años.

Dado el nuevo descubrimiento de gastos, la pareja decidió hacer un repaso mental a todo lo que se les ocurría que podía llegar en forma de gasto o ingreso de manera bimestral, trimestral, semestral o anual. Con ello ampliaron el listado de gastos e ingresos inicial y el resultado fue algo más completo que el anterior:

	INGRESOS
NÓMINA PEDRO	1.400,00 €
NÓMINA CLAUDIA	960,00 €
DECL. RENTA	200,00 €
TOTAL	2.560,00 €

	GASTOS
LUZ	50,00 €
AGUA	60,00 €
GAS	60,00 €
INTERNET	40,00 €
NETFLIX	8,00 €
HIPOTECA	440,03 €
COMUNIDAD	40,00 €
GASOLINA	220,00 €
SUPERMERCADO	200,00 €
CUOTA GYM	90,00 €
SEGURO DE VIDA	250,00 €
SEGURO DE HOGAR	220,00 €
IBI	490,00 €
IMP. BAS.	125,00 €
SEGUROS COCHES	620,00 €
TOTAL	2.913,03 €

El resultado de dicho ejercicio no fue precisamente el esperado, ¡NO LLEGABAN A TODO!, durante otros 10 segundos la imagen mental de la pareja pasó de estar viajando por el mundo y con móviles de última generación con logotipos de fruta a ver nítidamente en sus mentes la patrulla de policía local acordonando la zona para evitar la aglomeración de vecinos curiosos viendo como se les expulsaba de su hogar por impago mientras los medios de comunicación local y nacional grababan a la pareja que había perdido su piso en tiempo record. Tras este nuevo viaje temporal, ambos cayeron en que estos números no eran reales.

"¡No vamos a pagar cada mes el IBI ni el seguro de hogar!"

Y en este dato para muchos obvio, se abrió nuevamente una venta de esperanza en esta mañana de sábado que se estaba convirtiendo en algo menos que un vaivén de emociones. Tras comentar los números un poco más, Claudia vio claro lo que había que hacer.

"Si queremos dejar estos números anuales como están, habrá que multiplicar el resto de gastos y de ingresos por 12"

A lo que Pedro respondió, por suerte antes de hacer nuevamente los cálculos:

"No podemos hacerlo así, aquí hay gastos trimestrales mezclados con anuales, acuérdate del gimnasio por ejemplo"

Por tanto y como bien apuntó Pedro, los gastos no eran equiparables entre sí. Así pues, uniendo la aportación de Claudia sobre la necesidad de tener un resultado único comparable y de Pedro de unificar la temporalidad de los gastos e ingresos, hicieron una tabla como la siguiente:

CONCEPTO	VECES AL AÑO
NÓMINA PEDRO	14
NÓMINA CLAUDIA	14
DECL. RENTA	1
LUZ	12
AGUA	4
GAS	12
INTERNET	12
NETFLIX	12
HIPOTECA	12
COMUNIDAD	12
GASOLINA	12
SUPERMERCADO	12
CUOTA GIMNASIO	4
SEGUROS DE VIDA	1
SEGURO DE HOGAR	1
IBI	1
IMPUESTO BASUR.	1
SEGURO COCHES	1

¡Hasta el momento ni tan si quiera habían tenido en cuenta que tenían pagas dobles! Pero el paso siguiente fue trasladar estos números a la tabla inicial, con lo cual decidieron hacerla de forma anual, multiplicando los gastos con periodicidad inferior al año por el número de ocasiones en que se cobraban

	INGRESOS	AÑO
NÓMINA PEDRO	1.400,00 €	19.600,00 €
NÓMINA CLAUDIA	960,00 €	13.440,00 €
DECL. RENTA	200,00 €	200,00 €
TOTAL	2.560,00 €	33.240,00 €
GASTOS		
LUZ	50,00 €	600,00 €
AGUA	60,00 €	240,00 €
GAS	60,00 €	720,00 €
INTERNET	40,00 €	480,00 €
NETFLIX	8,00 €	96,00 €
HIPOTECA	440,03 €	5.280,00 €
COMUNIDAD	40,00 €	480,00 €
GASOLINA	220,00 €	2.640,00 €
SUPERMERCADO	200,00 €	2.400,00 €
CUOTA GYM	90,00 €	360,00 €
SEGURO DE VIDA	250,00 €	250,00 €
SEGURO DE HOGAR	220,00 €	220,00 €
IBI	490,00 €	490,00 €
IMP. BAS.	125,00 €	125,00 €
SEGUROS COCHES	620,00 €	620,00 €
TOTAL	2.913,03 €	15.001,00 €
TOTAL AÑO		18.239,00 €

o ingresaban.

El resultado por fin era bastante ajustado a la realidad y tenían una respuesta a su pregunta inicial, ¡SI PODIAN CON TODO! Tras la mañana de gastos obviados que llevaban, se dieron un tiempo para buscar entre su memoria más y más gastos y ciertamente no acababan de encontrar nada más que se les pasara por alto.

Pasaron el resto de la mañana con la tranquilidad que sus números les habían dado y es que

"Conocer nuestros números nos da la in/tranquilidad de saber el estado real de nuestra economía"

Al llegar la hora de comer empezaron a hablar de otros temas más alejados de los números, si bien no tardaron mucho en retomar el tema de la decoración y de invertir un poco de su, al parecer sobrante dinero anual, en la compra de muebles y electrodomésticos. Cómo decíamos los números anteriores parecían tener sentido y por ello dedicaron la tarde del sábado a buscar salones de comedor a través de diferentes portales web.

Si aquí acabase la historia, tendríamos a una pareja feliz que ha comprado su primera vivienda en propiedad y con un cuantioso superávit anual de dinero que les va a permitir hacer frente a todos los gastos derivados de su día a día y aun así destinar una parte importante a otras inversiones.

CAPÍTULO 4 – ¿POR QUÉ ESTE MES NOS FALTA DINERO? APLANANDO LA CURVA

Pedro y Claudia ya tenían varios presupuestos para su nuevo y flamante potencial salón. Tras lo cual pensaron en cual debería ser su límite a nivel presupuestario para dicha inversión. Tras unos segundos de reflexión conjunta llegaron a una situación que les empezaba a ser familiar…. No lo sabían. Para intentar dar respuesta a esta nueva pregunta que se les ponía por delante y que estaban seguros de que se volverían a encontrar en futuros gastos, y más aún con el éxito rotundo de su hoja de cálculo de la cual estaban más que orgullosos, decidieron hacer una nueva sesión de cuentas conjunta. Quién sabe, quizás acabarían cogiéndole el gustillo a esto de las filas y columnas y su diseño ochentero.

Lo primero que hicieron, fue visitar sus cuentas corrientes, en ese momento aún contaban con una cuenta a nombre de cada uno, digamos de ahorro personal, si bien estaban valorando unificarlas todas pues tras la boda y tras dejarlas tiritando tras la compra del piso, parecía una opción interesante y práctica para el manejo de sus finanzas personales. El resultado de su visita a la banca online fue algo tal que así:

SALDO CUENTA PERSONAL PEDRO: 1.815€

SALDO CUENTA PERSONAL CLAUDIA: 712€

SALDO CUENTA CONJUNTA: 362€

Por tanto, tenía un saldo conjunto de 2.889€ si bien no una cantidad muy elevada, cuanto menos suficiente para tener su pequeño margen de maniobra ante imprevistos. Lo primero que pensaron fue, ¡podemos gastarlo todo en el salón, ya que, según las cuentas anteriores, cada año nos sobra dinero!

Cómo era de esperar su comedor de 3.000€ tendría que esperar, ya que a Pedro le vino a la cabeza que justamente ese mes le pasarían su seguro de coche. No tenían claro si eso les afectaba o no, y es que al final cayeron en la cuenta de que sabían aproximadamente cuánto dinero les sobraría a final de año, pero no como se repartiría ese importe final.

> **"Los gastos no son estables en el tiempo, sino que fluctúan. Hemos de intentar aplanar esa curva para tener una visión más controlada"**

Claudia comentó que quizás lo más sensato en tal caso sería modificar su hoja de cálculo de tal modo que en lugar de obtener un resultado anual (en su caso los 18.238,64€) hacerlo mensual para ver como acaban realmente cada mes. Pedro sin tener muy claro a qué se refería ni a cómo hacerlo, le sonó lógico y se pusieron nuevamente ante el monitor de su ordenador portátil, que por ahora seguía sin tener ninguna fruta como logotipo. El resultado se basó en indicar en cada mes que ingresos entrarían y que gastos, con ello por ejemplo detectaron que:

- Dos meses al año los ingresos eran superiores, pues se incluían las pagas dobles
- En abril había el ingreso de la declaración de la renta (si bien no se debería presupuestar pues puede salir negativo de un año para el otro según casuísticas personales)

- En meses donde coincidan gastos como el IBI junto a otros como pudiera ser gas, etc., suponían un desembolso muy importante a nivel económico.

Estos puntos, obvios en realidad, hacían que su flamante número verde de final de año tuviera una descomposición mayor que permitía ver sus diferentes volúmenes. Este fue el resultado:

Visto en tonalidades de mayor o menor oscuridad según el resultado total, sería algo así:

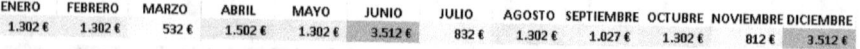

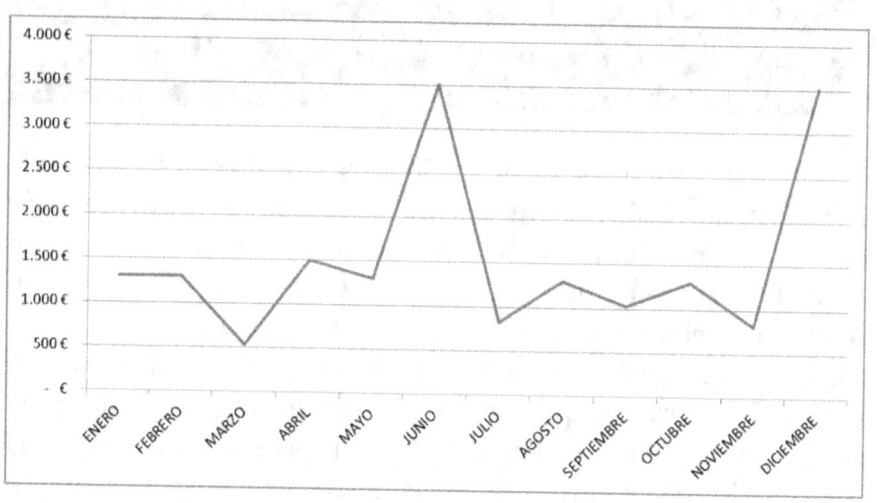

Como vemos lo que con una visión anual es un valor único en positivo, lo cierto es que para alcanzar su valor hay mucha volatilidad si hacemos zoom hasta una visión mensual. Si a esta visión le añadimos los gastos, el grafico anterior quedaría tal que así:

	ENERO	FEBRERO	MARZO	ABRIL	MAYO	JUNIO	JULIO	AGOSTO	SEPTIEMBRE	OCTUBRE	NOVIEMBRE	DICIEMBRE
NÓMINA PEDRO	1.400 €	1.400 €	1.400 €	1.400 €	1.400 €	2.800 €	1.400 €	1.400 €	1.400 €	1.400 €	1.400 €	2.800 €
NÓMINA CLAUDIA	960 €	960 €	960 €	960 €	960 €	1.920 €	960 €	960 €	960 €	960 €	960 €	1.920 €
DECL. RENTA	0 €	0 €	0 €	200 €	0 €	0 €	0 €	0 €	0 €	0 €	0 €	0 €
TOTAL	2.360 €	2.360 €	2.360 €	2.560 €	2.360 €	4.720 €	2.360 €	2.360 €	2.360 €	2.360 €	2.360 €	4.720 €
LUZ	50 €	50 €	50 €	50 €	50 €	50 €	50 €	50 €	50 €	50 €	50 €	50 €
AGUA	0 €	0 €	60 €	0 €	0 €	60 €	0 €	0 €	60 €	0 €	0 €	60 €
GAS	60 €	60 €	60 €	60 €	60 €	60 €	60 €	60 €	60 €	60 €	60 €	60 €
INTERNET	40 €	40 €	40 €	40 €	40 €	40 €	40 €	40 €	40 €	40 €	40 €	40 €
NETFLIX	8 €	8 €	8 €	8 €	8 €	8 €	8 €	8 €	8 €	8 €	8 €	8 €
HIPOTECA	440 €	440 €	440 €	440 €	440 €	440 €	440 €	440 €	440 €	440 €	440 €	440 €
COMUNIDAD	40 €	40 €	40 €	40 €	40 €	40 €	40 €	40 €	40 €	40 €	40 €	40 €
GASOLINA	220 €	220 €	220 €	220 €	220 €	220 €	220 €	220 €	220 €	220 €	220 €	220 €
SUPERMERCADO	200 €	200 €	200 €	200 €	200 €	200 €	200 €	200 €	200 €	200 €	200 €	200 €
CUOTA GIMNASIO	0 €	0 €	90 €	0 €	0 €	90 €	0 €	0 €	90 €	0 €	0 €	90 €
SEGUROS DE VIDA	0 €	0 €	0 €	0 €	0 €	0 €	250 €	0 €	0 €	0 €	0 €	0 €
SEGURO DE HOGAR	0 €	0 €	0 €	0 €	0 €	0 €	220 €	0 €	0 €	0 €	0 €	0 €
IBI	0 €	0 €	0 €	0 €	0 €	0 €	0 €	0 €	0 €	0 €	490 €	0 €
IMPUESTO BASURA	0 €	0 €	0 €	0 €	0 €	0 €	0 €	0 €	125 €	0 €	0 €	0 €
SEGURO COCHES	0 €	0 €	620 €	0 €	0 €	0 €	0 €	0 €	0 €	0 €	0 €	0 €
TOTAL	1.058 €	1.058 €	1.828 €	1.058 €	1.058 €	1.208 €	1.528 €	1.058 €	1.333 €	1.058 €	1.548 €	1.208 €
RESULTADO	1.302 €	1.302 €	532 €	1.502 €	1.302 €	3.512 €	832 €	1.302 €	1.027 €	1.302 €	812 €	3.512 €

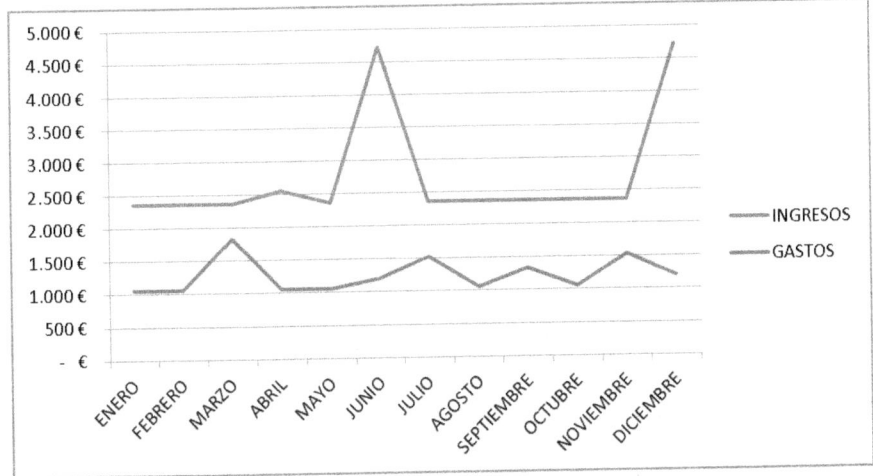

En resumidas cuentas, tanto Pedro como Claudia, cayeron en la cuenta de que, si bien podían permitirse el salón, parecía que el mes de la compra podía ser una variable más a tener en cuenta, pues por ejemplo si se hacía en mayo al mes siguiente habría un ahorro importante que les permitiría mantener la cuenta a los valores previos a la compra, mientras que, si lo hacían en por ejemplo Agosto, recuperar 3.000€ era un proceso más tardío. Pero si algo se extrajo de la realización de esos dos gráficos por parte de la pareja, fue que ese dinamismo en principalmente los gastos, no les hacía sentirse cómodos para afrontar inversiones venideras, pero ¿cómo resolver esta situación?

Tras dejar pasar unas horas, descansar y olvidarse de números y muebles de salón por un rato, Claudia se despertó como si el despertador hubiera sonado a la vez que la campana de la catedral y pasara un tren por la ventana, tras lo cual dijo a un Pedro en la parte más profunda de su fase REM :

"¡Pedro ya sé cómo hacer para estar más tranquilos!"

Tranquilidad, curiosa la palabra elegida para un despertar tan abrupto, pensó Pedro, pero lo cierto es que, con esa entradilla, la información tenía que ser de utilidad.

"Vamos a prorratear los gastos", dijo Claudia a lo que Pedro con un ojo aún cerrado preguntó por el significado de dicha palabreja técnica.

"Vamos a dividir cada gasto anual entre doce, es decir dividiremos el IBI entre doce, el gasto de luz anual en doce, etcétera"

Al final una imagen vale más que mil palabras, con lo cual se puso manos a la obra en mostrar lo que a su somnoliento marido le costaba comprender aún y su desesperado intento por parecer atento.

CONCEPTO	ENERO	FEBRERO	MARZO	ABRIL	MAYO	JUNIO	JULIO	AGOSTO	SEPTIEMBRE	OCTUBRE	NOVIEMBRE	DICIEMBRE
LUZ	50,00 €	50,00 €	50,00 €	50,00 €	50,00 €	50,00 €	50,00 €	50,00 €	50,00 €	50,00 €	50,00 €	50,00 €
AGUA	20,00 €	20,00 €	20,00 €	20,00 €	20,00 €	20,00 €	20,00 €	20,00 €	20,00 €	20,00 €	20,00 €	20,00 €
GAS	60,00 €	60,00 €	60,00 €	60,00 €	60,00 €	60,00 €	60,00 €	60,00 €	60,00 €	60,00 €	60,00 €	60,00 €
INTERNET	40,00 €	40,00 €	40,00 €	40,00 €	40,00 €	40,00 €	40,00 €	40,00 €	40,00 €	40,00 €	40,00 €	40,00 €
NETFLIX	8,00 €	8,00 €	8,00 €	8,00 €	8,00 €	8,00 €	8,00 €	8,00 €	8,00 €	8,00 €	8,00 €	8,00 €
HIPOTECA	440,00 €	440,00 €	440,00 €	440,00 €	440,00 €	440,00 €	440,00 €	440,00 €	440,00 €	440,00 €	440,00 €	440,00 €
COMUNIDAD	40,00 €	40,00 €	40,00 €	40,00 €	40,00 €	40,00 €	40,00 €	40,00 €	40,00 €	40,00 €	40,00 €	40,00 €
GASOLINA	220,00 €	220,00 €	220,00 €	220,00 €	220,00 €	220,00 €	220,00 €	220,00 €	220,00 €	220,00 €	220,00 €	220,00 €
SUPERMERCADO	200,00 €	200,00 €	200,00 €	200,00 €	200,00 €	200,00 €	200,00 €	200,00 €	200,00 €	200,00 €	200,00 €	200,00 €
CUOTA GIMNASIO	30,00 €	30,00 €	30,00 €	30,00 €	30,00 €	30,00 €	30,00 €	30,00 €	30,00 €	30,00 €	30,00 €	30,00 €
SEGURO DE VIDA	20,83 €	20,83 €	20,83 €	20,83 €	20,83 €	20,83 €	20,83 €	20,83 €	20,83 €	20,83 €	20,83 €	20,83 €
SEGURO DE HOGAR	18,33 €	18,33 €	18,33 €	18,33 €	18,33 €	18,33 €	18,33 €	18,33 €	18,33 €	18,33 €	18,33 €	18,33 €
IBI	40,83 €	40,83 €	40,83 €	40,83 €	40,83 €	40,83 €	40,83 €	40,83 €	40,83 €	40,83 €	40,83 €	40,83 €
IMPUESTO BASUR.	10,42 €	10,42 €	10,42 €	10,42 €	10,42 €	10,42 €	10,42 €	10,42 €	10,42 €	10,42 €	10,42 €	10,42 €
SEGURO COCHES	51,67 €	51,67 €	51,67 €	51,67 €	51,67 €	51,67 €	51,67 €	51,67 €	51,67 €	51,67 €	51,67 €	51,67 €
TOTAL	1.250,08 €	1.250,08 €	1.250,08 €	1.250,08 €	1.250,08 €	1.250,08 €	1.250,08 €	1.250,08 €	1.250,08 €	1.250,08 €	1.250,08 €	1.250,08 €

En resumen, lo que Claudia estaba intentando decir era que, si dividían los gastos, que hasta la fecha tenían contabilizados como anuales, tendrían un gasto aproximado mensual y si eso se sumaba a los ingresos (que ya tenían mensualizados) podrían tener un ahorro no anual, sino mensual, eso sí teórico. Ese ejercicio parecía tener toda la lógica del mundo para Claudia, si bien Pedro puso su pequeño grano de arena a la conversación, en este caso en forma de "pero".

"Pero si es teórico no nos va a servir de nada. ¿De qué me sirve poner el IBI cada mes, si hasta noviembre no lo voy a pagar?"

A lo que Claudia respondió con un en cierto modo improvisado:

"Será como si lo guardásemos cada mes"

En este punto, me gustaría hacer dos apreciaciones que son claves para lo que hemos visto hasta el momento en los números de esta pareja y que considero, pueden ser interesantes para poder aplicarlo a vuestras finanzas personales.

- Los gastos anuales que se Claudia y Pedro han puesto de conceptos como la luz, el agua o el gas, suministros que en realidad tienen importes variables en el tiempo, se basan en datos históricos, es decir, en su caso miraron que gastaban de gas en los 5 años que llevaban de alquiler y eso lo utilizaron como "gasto teórico anual".

- El prorratear por sí sólo simplemente nos dará una visión de los gastos que tenemos anualmente de forma mensualizada, el poder del prorrateo recae en la última frase de Claudia "guardarlo cada mes".

- Disculpar que, en todo este capítulo, aún no hagamos énfasis en la hipoteca, pero estos ejercicios son los cimientos de lo que vendrá a posteriori y forman parte del método utilizado para conseguir pagar la hipoteca en 9 años, de modo que ¡prestad atención!

En ese momento a Pedro le pareció entender a que se referiría Claudia, si bien, le pareció que era una forma un tanto extraña de gestionar el dinero.

"¿Quieres decir que cada mes tendremos que guardar 40,83€ para el IBI aunque sea Febrero y me lo cobren en Noviembre?"

A lo que Claudia respondió:

"Si, creo que es justo eso. Si lo hacemos de este modo en noviembre ya tendremos todo el dinero separado para el recibo y no habrá que desembolsar todo de golpe, estaremos teniendo **los gastos más estables en el tiempo**".

Para gestionar lo que iba a ser su nueva forma de llevar las finanzas personales, y tener unos gastos controlados, modificaron tu tabla básica de gastos mensuales e hicieron versión mejorada.

	ENERO	FEBRERO	MARZO	ABRIL	MAYO	JUNIO
LUZ	- €	- €	50,00 €			
AGUA	20,00 €	20,00 €	20,00 €			
GAS	- €	- €	60,00 €			
INTERNET	- €	- €	40,00 €			
NETFLIX	- €	- €	8,00 €			
HIPOTECA	- €	- €	440,00 €			
COMUNIDAD	- €	- €	40,00 €			
GASOLINA	- €	- €	220,00 €			
SUPERMERCADO	- €	- €	200,00 €			
CUOTA GIMNASIO	30,00 €	30,00 €	30,00 €			
SEGURO DE VIDA	20,83 €	20,83 €	20,83 €			
SEGURO DE HOGA	18,33 €	18,33 €	18,33 €			
IBI	40,83 €	40,83 €	40,83 €			
IMPUESTO BASUR,	10,42 €	10,42 €	10,42 €			
SEGURO COCHES	51,67 €	51,67 €	51,67 €			
		TOTAL	1.634,25 €			

Esta tabla se alargaría hasta una longitud de 13 columnas (1 concepto + 12 meses), cubriendo así todos los gastos del año. Si os fijáis en esta tabla en la cual supongamos **estamos en el mes de marzo** tenemos:

- Todos los gastos sean o no mensuales.

- Los gastos no mensuales y que aún no han sido cobrados, se van acumulando, como es el caso del agua que en enero y febrero no nos llegó factura, por tanto, los 20€ de cada mes se han mantenido allí a la espera de la factura.

- En el mes de marzo y porque estamos aún en ese mes, los gastos mensuales aún aparecen con sus respectivos importes, pues aún no han llegado las facturas.

Por tanto, esta sería una tabla que rellenaríamos cada día 1 del mes con el total de gastos mensuales y a ellos se acumularían todos los de meses anteriores que aún no ha llegado la factura, ya que su periodicidad no es mensual. Por tanto y resumiendo, todo lo que hemos visto en este capítulo, Claudia y Pedro pasarán de un gasto irregular donde se hace difícil la previsión por ejemplo para metas de ahorro o de adquisición de productos, a uno gasto más estable donde podemos saber el ahorro mensual "real".

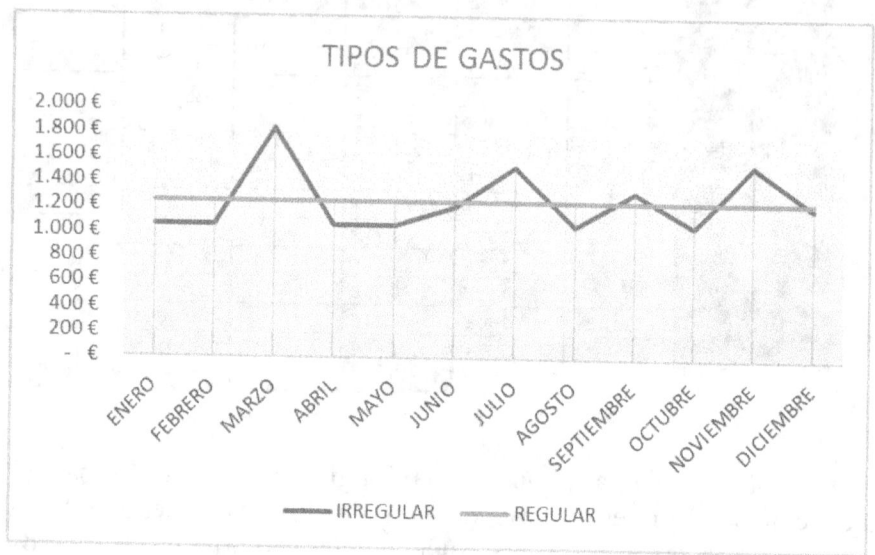

CAPÍTULO 5 – ¿QUÉ HACEMOS CON EL DINERO QUE SOBRA? OCIO, VIAJES, COMPRAS...

Una vez que Claudia y Pedro tuvieron claros cuales eran sus gastos, cuál era el mejor método para tenerlos controlados y por tanto saber cuándo dinero tenían que separar cada mes para poder estar tranquilos, se pusieron manos a la obra con una parte más divertida de las finanzas personales, qué hacer con el dinero que sobraba.

Claudia actualizó su hoja de gastos e ingresos, añadiendo lo trabajado en el capítulo anterior, y el resultado fue el siguiente:

	ENERO	FEBRERO	MARZO	ABRIL	MAYO	JUNIO	JULIO	AGOSTO	SEPTIEMBRE	OCTUBRE	NOVIEMBRE	DICIEMBRE
NÓMINA PEDRO	1.400,00 €	1.400,00 €	1.400,00 €	1.400,00 €	1.400,00 €	2.800,00 €	1.400,00 €	1.400,00 €	1.400,00 €	1.400,00 €	1.400,00 €	2.800,00 €
NÓMINA CLAUDIA	960,00 €	960,00 €	960,00 €	960,00 €	960,00 €	1.920,00 €	960,00 €	960,00 €	960,00 €	960,00 €	960,00 €	1.920,00 €
DECL. RENTA	- €	- €	- €	200,00 €	- €	- €	- €	- €	- €	- €	- €	- €
GASTOS	-1.250,08 €	-1.250,08 €	-1.250,08 €	-1.250,08 €	-1.250,08 €	-1.250,08 €	-1.250,08 €	-1.250,08 €	-1.250,08 €	-1.250,08 €	-1.250,08 €	-1.250,08 €
TOTAL	1.109,92 €	1.109,92 €	1.109,92 €	1.309,92 €	1.109,92 €	3.469,92 €	1.109,92 €	1.109,92 €	1.109,92 €	1.109,92 €	1.109,92 €	3.469,92 €

A estas alturas, la mayoría ya estaría mirando coche nuevo y como al inicio de la historia, imaginándose, saludando como cada año a los recepcionistas del hotel de las Maldivas y reservando la suite de siempre. Pero, si algo habían aprendido esta pareja, es que con los números más valía no hablar antes de tiempo.

Ciertamente el nivel de ahorro que tenía la pareja era muy importante, suponiendo el 55% de los ingresos, si bien y como todos echaréis en falta, aquí falta una parte importante que vendría a ser la de … vivir. Hasta este punto y por pura prudencia y curiosidad, la pareja no había introducido los gastos de sus, hasta la fecha, habituales cenas de sábado en restaurante, sus salidas puntuales a hotelitos rurales o las compras de Claudia en ropa y de Pedro en tecnología. Por tanto y nuevamente en base a su histórico de gasto, o, dicho de otro modo, haciendo un promedio de lo que se habían gastado al mes en estos conceptos durante los últimos años, ampliaron la tabla anterior.

	ENERO	FEBRERO	MARZO	ABRIL	MAYO	JUNIO	JULIO	AGOSTO	SEPTIEMBRE	OCTUBRE	NOVIEMBRE	DICIEMBRE
NÓMINA PEDRO	1.400,00 €	1.400,00 €	1.400,00 €	1.400,00 €	1.400,00 €	2.800,00 €	1.400,00 €	1.400,00 €	1.400,00 €	1.400,00 €	1.400,00 €	2.800,00 €
NÓMINA CLAUDIA	960,00 €	960,00 €	960,00 €	960,00 €	960,00 €	1.920,00 €	960,00 €	960,00 €	960,00 €	960,00 €	960,00 €	1.920,00 €
DECL. RENTA	- €	- €	- €	200,00 €	- €	- €	- €	- €	- €	- €	- €	- €
GASTOS	-1.250,08 €	-1.250,08 €	-1.250,08 €	-1.250,08 €	-1.250,08 €	-1.250,08 €	-1.250,08 €	-1.250,08 €	-1.250,08 €	-1.250,08 €	-1.250,08 €	-1.250,08 €
SALIDAS OCIO	-300,00 €	-300,00 €	-300,00 €	-300,00 €	-300,00 €	-300,00 €	-300,00 €	-300,00 €	-300,00 €	-300,00 €	-300,00 €	-300,00 €
ROPA	-70,00 €	-70,00 €	-70,00 €	-70,00 €	-70,00 €	-70,00 €	-70,00 €	-70,00 €	-70,00 €	-70,00 €	-70,00 €	-70,00 €
TECNOLOGÍA	-60,00 €	-60,00 €	-60,00 €	-60,00 €	-60,00 €	-60,00 €	-60,00 €	-60,00 €	-60,00 €	-60,00 €	-60,00 €	-60,00 €
TOTAL	679,92 €	679,92 €	679,92 €	879,92 €	679,92 €	3.039,92 €	679,92 €	679,92 €	679,92 €	679,92 €	679,92 €	3.039,92 €

Habían pasado de tener un ahorro del 55% a un ahorro del 40% sobre sus ingresos netos. Algo que si bien era una reducción importante del 15% y algo más de 5.000€, seguía siendo un número nada despreciable.

Nuevamente quisiera hacer una apreciación en este punto. Muchos lectores pueden pensar que un 40% de ahorro sobre el ingreso es un número muy aleatorio y bien llevado para conseguir el objetivo de este libro. Es por ello por lo que, en este punto, se añade una nueva línea denominada "OTROS" por importe -300€ mensuales. Podría introducirlo como un coste extra de la pareja (la letra del coche, de los estudios, multas, regalos de cumpleaños, etc.) pero he preferido dejar constancia que este concepto de OTROS englobaría cualquier particularidad que podáis tener en vuestros casos. Con ello el ahorro pasa a ser de un 29% de los ingresos.

	ENERO	FEBRERO	MARZO	ABRIL	MAYO	JUNIO	JULIO	AGOSTO	SEPTIEMBRE	OCTUBRE	NOVIEMBRE	DICIEMBRE
NÓMINA PEDRO	1.400,00 €	1.400,00 €	1.400,00 €	1.400,00 €	1.400,00 €	2.800,00 €	1.400,00 €	1.400,00 €	1.400,00 €	1.400,00 €	1.400,00 €	2.800,00 €
NÓMINA CLAUDIA	960,00 €	960,00 €	960,00 €	960,00 €	960,00 €	1.920,00 €	960,00 €	960,00 €	960,00 €	960,00 €	960,00 €	1.920,00 €
DECL. RENTA	- €	- €	- €	200,00 €	- €	- €	- €	- €	- €	- €	- €	- €
GASTOS	-1.250,08 €	-1.250,08 €	-1.250,08 €	-1.250,08 €	-1.250,08 €	-1.250,08 €	-1.250,08 €	-1.250,08 €	-1.250,08 €	-1.250,08 €	-1.250,08 €	-1.250,08 €
OTROS	-300,00 €	-300,00 €	-300,00 €	-300,00 €	-300,00 €	-300,00 €	-300,00 €	-300,00 €	-300,00 €	-300,00 €	-300,00 €	-300,00 €
SALIDAS OCIO	-300,00 €	-300,00 €	-300,00 €	-300,00 €	-300,00 €	-300,00 €	-300,00 €	-300,00 €	-300,00 €	-300,00 €	-300,00 €	-300,00 €
ROPA	-70,00 €	-70,00 €	-70,00 €	-70,00 €	-70,00 €	-70,00 €	-70,00 €	-70,00 €	-70,00 €	-70,00 €	-70,00 €	-70,00 €
TECNOLOGÍA	-60,00 €	-60,00 €	-60,00 €	-60,00 €	-60,00 €	-60,00 €	-60,00 €	-60,00 €	-60,00 €	-60,00 €	-60,00 €	-60,00 €
TOTAL	379,92 €	379,92 €	379,92 €	579,92 €	379,92 €	2.739,92 €	379,92 €	379,92 €	379,92 €	379,92 €	379,92 €	2.739,92 €

"Perfecto Pedro, con esto ya sabemos cuándo podemos ahorrar cada mes" comentó Claudia que respiraba tranquila al ver que sus cenas en restaurantes parecían seguir aseguradas y que su armario podría ir creciendo al ritmo que lo venía haciendo. Pedro por su parte, contento con su acotado gasto en tecnología intacto, se preguntaba que iban a hacer con ese "saldo extra" o ahorro que en su ya, casi querida, hoja de cálculo se mostraba.

La pareja tenía varias ideas en cuanto al mejor destino para este ahorro:

- Cuentas corrientes remuneradas
- Depósitos a plazo fijo
- Inversiones en bolsa
- Fondos de inversión

Entre otros productos financieros que habían escuchado en conversaciones con amigos y familiares. Ciertamente tanto uno como el otro eran bastante prudentes en ese sentido y es que con lo que les había costado llegar donde estaban lo de asumir riesgos no iba con ellos. De todos modos y como ninguno se dedicaba al sector financiero, fueron a hablar con la gestora de la entidad donde les habían concedido la hipoteca para comprender mejor estos productos y ver qué alternativas les daban.

La gestora les comentó la realidad actual de esos productos, las cuentas remuneradas, así como los depósitos son productos muy seguros. De hecho, los depósitos a plazo fijo mantenían sus ahorros garantizados por el fondo de garantía de depósitos de entidades de crédito, que en caso de que el banco donde tuviera dicho depósito quebrara, etc., quedarían cubiertos los primeros 100.000€ (algo que en este caso no aplicaba pues no superaban la cuantía). No obstante, para este tipo de productos financieros de nivel de riesgo 1 sobre 6, por tanto, muy bajo, las rentabilidades que se manejaban no llegaban en la mayoría de los casos al 1% TAE.

Haciendo números rápidos, ganar un 0,80% TAE sobre por ejemplo 10.000€ equivaldría a 80€ brutos y unos 67€ netos ¡al año!

Con visible cara de decepción en la pareja, aún y la pasión mostrada por la gestora, esta última, les comentó otros productos con mayor rentabilidad, pero también mayor riesgo. La inversión en bolsa siempre es una posibilidad, pero para ello es necesario tanto conocimientos de mercados como una inversión más activa, pues se ha de hacer por unos mismo tanto el análisis, la compra, la venta de acciones, o la programación de las órdenes de venta o compra automáticas. Por otro lado, supone asumir un riesgo muy elevado, pagar comisiones por transacciones, impuestos sobre ganancias, etc. También estaba la posibilidad de un fondo de inversión, donde los que invierten son profesionales dedicados a ello y que diversifican las inversiones con el fin de asumir el menor riesgo posible para los clientes. Pero como todo lo relacionado con mercados, nada está asegurado y existe la posibilidad de tener rendimientos negativos, en otras palabras, perder dinero.

Con toda esa información, la pareja se fue del banco con más dudas que respuestas. Consideraron que con lo que costaba ganar tanto dinero y más aún ahorrarlo, conseguir 67€ al año por 10.000€ invertidos, no era suficiente recompensa y menos cuando seguían teniendo una hipoteca que pagar. Es por ello por lo que dejaron el tema parado a la espera de una mayor oportunidad de inversión o en su ausencia, algo más interesante en que gastar su dinero.

Al cabo de unos días, la pareja se encontraba tranquilamente cenando frente a su televisor, cuando en las noticias hablaron sobre el encarecimiento del Euribor en la época precrisis 2008 y como miles de familias vieron aumentada su cuota hipotecaria en cientos de euros en el transcurso de 3 o 4 años. Esto hizo que por unos segundos les apareciera a ambos un cierto sudor frio cayendo por detrás del cuello, y es que si bien tenían todos los números más que controlados, nunca se habían planteado que pudiera ocurrir algo con su hipoteca ya sea cambio de condiciones (en su caso únicamente aplicaría a partir del décimo año de hipoteca pues se trataba de un tipo mixto siendo los primeros 10 años fijos sin posibilidad de variación en cuanto a tipo de interés) o incluso con sus ingresos, algo más probable pues al final Claudia era interina sin puesto fijo y Pedro trabajaba para una empresa privada que con mayor o menor finiquito de por medio, podía deshacerse de él cuando considerase preciso.

Por ello y al acabar las noticias, la pareja considero que quizás un destino para ese capital sobrante era la amortización de la hipoteca, obviamente de forma parcial, aunque en ese momento desconociesen que significaba amortización parcial o qué condiciones tenían al respecto en su hipoteca.

Al día siguiente Claudia y Pedro acudieron nuevamente a la sucursal bancaria donde se encontraba la gestora que llevaba su cuenta. Le preguntaron si podía ser interesante invertir esos ahorros en el adelantar hipoteca para pagar menos intereses y en definitiva para acabar antes con esa línea en su presupuesto que además era el de mayor envergadura.

La gestora, barriendo un poco hacia casa, les indicó que con un tipo de interés como el que tenían, era mucho más interesante invertir en fondos de inversión, pues la rentabilidad podía superar con creces el tipo de interés que actualmente pagaban por su hipoteca. Haciendo números rápidos, y más que optimistas, la gestora les comento:

"Imaginemos que invertís 20.000€ en un fondo de inversión que os renta un 5% anual, ¡estaréis ganando 1.000€ anuales! Mientras que, si los utilizáis para adelantar hipoteca, ahorrareis en intereses 20.000 x 1,5% = 300€. Por tanto, estáis dejando de ganar 700€ al año"

Dicho de ese modo y por una persona con cierta autoridad en lo que a temas financieros se refiere, en teoría al menos, les pareció por un momento haber ido a hacer el ridículo. No obstante, Claudia, nuevamente sacando su vena de gestora del patrimonio familiar lanzó varias preguntas demoledoras para la gestora y sus intereses:

"¿Siempre conseguís un 5% anual?"

"¿Es un 5% neto?"

"¿Podemos tener una rentabilidad negativa?"

"¿Cuáles han sido los resultados de los últimos 3 años?"

En resumidas cuentas, las respuestas fueron algo así como: NO, NO, SI, 1,1%, 0,3%, 0,18% todo ello acompañado por una cara de pocos amigos y mientras buscaba las condiciones de amortización anticipada ante estupendo ridículo.

Claudia y Pedro tenían una penalización por amortización anticipada del 0% hasta un límite anual de 50.000€, por tanto, mientras no adelantasen más de 50.000€ al año, no pagarían intereses por reducir capital de la hipoteca. Con esa información en mano y con una sensación de mayor tranquilidad que en la anterior visita, la pareja se dispuso a realizar una nueva sesión de trabajo en equipo, en este caso el objetivo era claro, saber si amortizar hipoteca iba a ser el destino de sus ahorros de ahora en adelante.

CAPÍTULO 6 – EL FUNCIONAMIENTO DE UNA HIPOTECA TIPO

En primer lugar, Claudia y Pedro quisieron informase un poco más sobre cómo funcionaba realmente su hipoteca e intentar de ese modo obtener una respuesta lo más clara posible a si realmente, amortizar parcialmente hipoteca era una buena manera de utilizar sus ahorros futuros.

Con los papeles de constitución de la hipoteca en una mano y el portátil y su navegador en la otra, empezaron a darle forma a un producto bancario que hasta la fecha sabían que servía para financiar viviendas y que a cambio se han de pagar unos intereses. Cierto era en su caso como en el de tantas otras parejas o personas que adquieren una vivienda a través de este tipo de producto, que no se llegan a plantear ni a consultar, cuánto van a acabar pagando en concepto de intereses a lo largo de toda la vida del préstamo. Para ver de qué importes hablábamos, Claudia y Pedro quisieron saber cuánto iban a pagar en los 30 años que duraba su hipoteca, su sorpresa, cabe decir, irá en línea de la de muchos de quienes lo calculen por primera vez.

Encontraron un simulador en la red donde indicaron:

- Plazo: 30 años
- Tipo de interés: recordemos que era mixto (10 años al 1,50% y posteriormente Euribor + 0,89%), no obstante, indicaron 1,50% pues el simulador no daba la opción de variar el tipo de interés.
- Importe financiación: 127.800€

Resultado

€441.06	€158,782.91	de los cuales	€30,982.91
Cuota hipotecaria	Coste total de la hipoteca en 30 años (capital más intereses)		Intereses equivalentes al 19.5%

¿Qué vamos a regalar 31.000€ al banco por prestarnos el dinero?

Esta fue una reacción conjunta de la pareja en obtener el resultado por primera vez, y nuevamente al confirmarla en un segundo simulador online. Cómo se podía apreciar en el resultado que vemos anteriormente, el total de intereses equivaldría a un 19,50% del total pagado, pero un 24,24% del capital solicitado. En otras palabras, por cada 10.000€ que les han prestado, devolverían 12.240€.

Durante unos minutos la pareja no supo muy bien cómo reaccionar, pues al final era una gran suma de dinero, pero al final el producto era el que era, descubrieron como otras partes de su funcionamiento y a través de buscar en blogs, que dichos intereses se calculaban a través del denominado **sistemas de amortización francés**.

A nivel algo más técnico y preciso su fórmula sería la siguiente:

$$a = C_0 \frac{i}{1-(1+i)^{-n}}$$

Pero para entendernos, en definitiva lo que hace es mantener nuestra cuota de hipoteca, inalterable en el tiempo (siempre y cuando sea a tipo de interés fijo) y lo que irá variando mes a mes es la parte de la cuota que se va en forma de intereses y la que se utiliza para adelantar capital. Veamos unos números rápidos de la hipoteca de Claudia y Pedro para entenderlo mejor.

DATOS	
Capital	127.800,00 €
Plazo	30 años
Interés	1,5% Anual
Datos	
Interés mensual:	0,125%
Cuota:	441,06 €
Numero de Cuotas:	360

En la primera tabla, encontramos los datos básicos que serían capital solicitado, plazo de devolución y tipo de interés. Y en la segunda ya empezamos a ver cómo funciona realmente la hipoteca, en primer lugar, el interés mensual, que no es más que dividir el importe anual (1,5%) por 12 meses, ya que esta hipoteca como la mayoría tienen letras mensuales. Por otro lado, tenemos la cuota mensual a pagar y el número de cuotas que serían los 30 años multiplicado por 12 meses al año.

En esta siguiente imagen veremos lo que indicábamos anteriormente, como la Cuota (primera columna) se mantiene inalterable a lo largo de los meses, no obstante, la columna de interés y amortización van variando.

Cuota	Interés	Amortización	Capital Pendiente
			127.800,00 €
441,06 €	159,75 €	281,31 €	127.518,69 €
441,06 €	159,40 €	281,67 €	127.237,02 €
441,06 €	159,05 €	282,02 €	126.955,00 €
441,06 €	158,69 €	282,37 €	126.672,63 €

El **interés** que sería en palabras de Claudia y Pedro, el dinero que "regalan" cada mes al banco, se calcula a través de una sencilla multiplicación: **CAPITAL PENDIENTE x INTERÉS MENSUAL** Con esta operación lo que sucede es que a medida que vamos pagando más cuotas, el capital pendiente va bajando, no obstante, el interés mensual se mantiene y ello hace que el resultado de esta multiplicación cada vez sea más pequeño. Por tanto, cada mes que pasa "regalaremos menos intereses".

La **amortización** seria la parte de la cuota que va a devolver esos 127.800€ que hemos solicitado. El cálculo es más sencillo si cabe **CUOTA – INTERÉS** y por tanto como hemos dicho que el interés cada mes va a menos, esta parte de amortización cada vez va a más, por tanto, cada vez adelantamos más hipoteca con cada pago.

Así pues y muy, en resumidas cuentas, la pareja comprendió que en los primeros años de hipoteca sería cuando más intereses pagarían y que poco a poco este número iría bajando a lo largo de los 30 años de duración. Lo siguiente que quisieron saber era si realmente adelantar la hipoteca con sus ahorros podía tener un gran impacto en la misma, pues al final, sabiendo lo que iban a pagar en total de intereses si supieran cuanto se podrían ahorrar, verían si el esfuerzo valdría la pena.

Tanto el cálculo anterior sobre intereses totales como el utilizado para el ejemplo anterior, habían utilizado una hoja de cálculo modificada que habían encontrado en la red, concretamente en una web denominada www.pagatuhipoteca.com. Con la ayuda de esta misma plantilla podían llegar a encontrar el número que buscaban (ahorro potencial en intereses), o al menos eso ponía en la web. No obstante, la pareja no sabía muy bien que opción utilizar, ya que existían dos opciones dentro de esa hoja de cálculo:

- Reducción de cuota
- Reducción de tiempo

Nuevamente sobrepasados por su desconocimiento y haciendo uso una vez más de su más que agotado navegador web, encontraron las diferencias entre ambas opciones. En pocas palabras era algo así como que **la reducción de cuota** implicaba utilizar las amortizaciones parciales para reducir el importe de la letra mensual que pagaban, por tanto, cuanto más amortizaran menor iría siendo cada vez su cuota de hipoteca, mientras con la segunda opción, **reducción de tiempo** la cuota hipotecaria se mantendría fija en el tiempo por mucho que amortizaran, pero las mensualidades totales se irían acortando desde las 360 iniciales. En esa misma búsqueda encontraron un sinfín de opiniones sobre que era mejor hacer utilizar la amortización para reducir la cuota e ir más desahogados o bien reducir tiempo y pagar el piso antes.

Lo cierto en este punto, es que la pareja lo que quería era pagar la hipoteca antes, no obstante, también les parecía interesante el no tener tanta presión encima, de tener una cuota elevada como gasto fijo, si bien no era una hipoteca con una cuota excesivamente alta, sí que les obligaba a tener unos ingresos estables y ello les generaba cierta presión.

Entre tanta información y comentario con y sin sentido en la red, encontraron una propuesta que parecía ser justo lo que necesitaban **reducir cuota y reducir tiempo**, pero ¿cómo podía ser eso posible? Pues con matices y con números. El resumen de esta idea es clara y simple:

1. Amortización con reducción de cuota
2. Siguiente mes / adelanto **amortización (amortización planificada + ahorro vs cuota inicial)**

Veamos un ejemplo de su hoja de cálculo modificada para verlo más claramente:

Cuota	Interés	Capital amortizado	Capital Pendiente	Cuotas pend.	Amortización Parcial
			127.000,00 €	360	
444,42 €	169,33 €	275,09 €	126.724,91 €	359	
444,42 €	168,97 €	1.075,45 €	125.649,46 €	358	800,00 €
441,61 €	167,53 €	1.076,89 €	124.572,57 €	357	802,81 €
438,78 €	166,10 €	1.078,32 €	123.494,25 €	356	805,64 €

Amortización parcial de cuota

Amortización parcial de cuota de 800€ (ahorro normal) + 2,81€ reducción vs cuota original

Como podéis observar los números a nivel de mensualidades totales hasta la liquidación del préstamo hipotecario serían las mismas, pero con esta opción la pareja conseguiría diferentes ventajas:

- Se va reduciendo su cuota hipotecaria con lo cual sus gastos fijos también lo harán
- Si bien amortizan el ahorro vs cuota inicial, también podrían dejar de hacerlo en caso de necesitar el dinero
- Si en algún momento encontraran un producto financiero que les diese un tipo de interés mayor al que pagan por su hipoteca, todo el ahorro extra de las cuotas podrían invertirlo y obtener más intereses de los que reducirían utilizando ese dinero para amortizar

Es por ello por lo que optaron por esta opción. A nivel de su hoja de cálculo únicamente tuvieron que hacer unas ligeras variaciones en la columna donde se indica la amortización a realizar, ya que si hasta el momento hubieran puesto el resultado de la tabla que veíamos anteriormente:

	ENERO	FEBRERO	MARZO	ABRIL	MAYO	JUNIO	JULIO	AGOSTO	SEPTIEMBRE	OCTUBRE	NOVIEMBRE	DICIEMBRE
NÓMINA PEDRO	1.400,00 €	1.400,00 €	1.400,00 €	1.400,00 €	1.400,00 €	2.800,00 €	1.400,00 €	1.400,00 €	1.400,00 €	1.400,00 €	1.400,00 €	2.800,00 €
NÓMINA CLAUDIA	960,00 €	960,00 €	960,00 €	960,00 €	960,00 €	1.920,00 €	960,00 €	960,00 €	960,00 €	960,00 €	960,00 €	1.920,00 €
DECL. RENTA	- €	- €	- €	200,00 €	- €	- €	- €	- €	- €	- €	- €	- €
GASTOS	-1.250,08 €	-1.250,08 €	-1.250,08 €	-1.250,08 €	-1.250,08 €	-1.250,08 €	-1.250,08 €	-1.250,08 €	-1.250,08 €	-1.250,08 €	-1.250,08 €	-1.250,08 €
OTROS	-300,00 €	-300,00 €	-300,00 €	-300,00 €	-300,00 €	-300,00 €	-300,00 €	-300,00 €	-300,00 €	-300,00 €	-300,00 €	-300,00 €
SALIDAS OCIO	-300,00 €	-300,00 €	-300,00 €	-300,00 €	-300,00 €	-300,00 €	-300,00 €	-300,00 €	-300,00 €	-300,00 €	-300,00 €	-300,00 €
ROPA	-70,00 €	-70,00 €	-70,00 €	-70,00 €	-70,00 €	-70,00 €	-70,00 €	-70,00 €	-70,00 €	-70,00 €	-70,00 €	-70,00 €
TECNOLOGÍA	-60,00 €	-60,00 €	-60,00 €	-60,00 €	-60,00 €	-60,00 €	-60,00 €	-60,00 €	-60,00 €	-60,00 €	-60,00 €	-60,00 €
TOTAL	379,92 €	379,92 €	379,92 €	579,92 €	379,92 €	2.739,92 €	379,92 €	379,92 €	379,92 €	379,92 €	379,92 €	2.739,92 €

Ahora debían añadir al importe de ahorro de cada mes, la diferencia entre la cuota inicial de su hipoteca (440€ - cuota actual) por ejemplo, si tras unos meses de adelanto con reducción de cuota, esta se había convertido en una letra de 423,22€, la amortización del mes de Enero, en lugar de ser de 379,92€ debía ser de 379,92€ + (440€ − 423,22€) = 396,70€. Esta cantidad en realidad no les supone ningun esfuerzo extra conseguir ahorrarlo, pues al final han de pensar como si su hipoteca continuase siendo de 440€.

Este procedimiento es clave para nuestro objetivo de pagar la hipoteca en 9 años, y es que se genera un efecto bola de nieve muy importante pues a medida que pasan los años, cada vez estamos adelantando más y más cada mes, pues nuestra cuota se va reduciendo a medida que se van realizando amortizaciones parciales de cuota.

CAPÍTULO 7 – RESPONDIENDO A ALGUNAS DUDAS

En este capítulo, la pareja se encuentra en un punto álgido en su motivación en cuanto a finanzas personales se refiere, ya han conseguido bastantes hitos que vosotros también debéis conseguir como antesala de nuestro gran cálculo sobre vida de la hipoteca. Resumiendo, los hitos conseguidos hasta la fecha por Claudia y Pedro han sido:

- Conocer cual eran sus gastos y enumerarlos
- Calcular un importe promedio por cada uno de sus gastos con temporalidad superior a un mes
- Ahorrar la parte proporcional de cada gasto anterior para cuando llegue el cargo tener el total del importe preparado (menos potenciales variaciones por consumos, etc.)
- Conocer su capacidad de endeudamiento
- Conocer su sobrante o superávit mensual

Con todos estos conocimientos obtenidos que hace unos meses atrás no hubieran sabido ni por donde empezar a calcularlos, estaban en una situación mucho más cómoda en cuanto a la gestión de sus finanzas se refería y ello les empoderaba para poder asumir uno de los cálculos más interesantes de este libro.

Si bien a continuación veremos como podemos poner una fecha límite teórica para la liquidación de la hipoteca de Pedro y Claudia, así como tener un cuadro de amortización detallado con el fin de hacer un seguimiento mes a mes, vamos a intentar responder a algunas potenciales preguntas que pueden aparecer en este momento:

- ¿Será necesario hacer un seguimiento muy exhaustivo?

Lo cierto es que las finanzas personales, gestionadas de este modo, al final requiere de un seguimiento bastante limitado, pues obtenemos un **saldo disponible para gastar ese mes** que sí deberemos tener controlado, y únicamente habrá que actualizar los datos según nos entren gastos y en caso de que haya alguna variación vs lo esperado, posiblemente asumirlo como reducción del saldo disponible para ocio. En estos casos, con una revisión mensual de 15 minutos habría suficiente.

- ¿Y si un mes no cumplimos el objetivo?

No es sencillo cumplir siempre el objetivo financiero, en este caso adelantar hipoteca, no obstante, hemos de tener claro una cosa, estamos marcando un camino a seguir **no nos ha de obsesionar cumplir el 100% el 100% de los meses**. En ocasiones, tendremos meses malos (por gastos inesperados, etc.) y otros estaremos con un superávit superior al esperado. Lo importante es tener en cuenta que al igual que cuando no llegamos lo asumimos, cuando nos sobra sería importante utilizar ese importe para adelantar de más, ya sea por lo que no hemos podido hacer en el pasado, por posibles "meses malos" en el futuro o simplemente para intentar restar algún mes a nuestra amortización de hipoteca.

- Estamos suponiendo que todo va a seguir igual en 8, 9, 10 años ... no es real

Efectivamente no será real, los números van a ir variando y deberemos adaptarnos. La llegada de hijos, mascotas, reformas, renovación del vehículo, etc., son aspectos que modificarán nuestros gastos fijos y variables. De igual modo es posible que nuestro salario vaya en aumento en estos 8, 9 o 10 años. Nuevamente hemos de saber que es una hoja de ruta y que la adaptación es imprescindible. Teniendo un objetivo lo que nos puede ayudar es por ejemplo a saber si necesitamos un ingreso extra y poder cuantificarlo (ej. 200€) o si el vehículo que hemos de adquirir no puede superar los X.000€ para que afecte en un máximo de X meses nuestra amortización.

Al final en este punto controlamos los números y sabemos cual es nuestro objetivo, con ello podemos priorizar, cuantificar ingresos necesarios o importes sobrantes. En resumen, será mucho más fácil adaptarnos a un contexto cambiante.

- ¿Y si cuento con una hipoteca contratada antes del año 2013?

¡Felicidades! Como bien sabrás, las hipotecas constituidas antes del año 2013 en España permiten la desgravación de una parte de las cuotas satisfechas durante cada ejercicio, en nuestra declaración de la renta. Muy en resumidas cuentas para quienes no lo tengan muy presente, este tipo de hipotecas (que más que un tipo son simplemente el mismo producto que conocemos, pero firmado con anterioridad al año indicado), nos permiten desgravar hasta un 15% sobre un máximo anual estipulado en 9.040€.

Quienes aprovechen al máximo esta deducción podrán ver como su resultado varía en +1.356€, siendo el doble en aquellos casos de hipotecas con dos titulares y con cuotas de, en este caso, 18.080€.

Ahora sí, respondiendo a la pregunta. Quienes cuenten con esta potencial desgravación han de tenerla en cuenta a la hora de calcular amortizaciones parciales de hipoteca por una razón muy simple, están "recuperando" un 15% de esos pagos satisfechos y ello unido a unos tipos de interés que actualmente están en niveles bastante bajos, nos hace complicado obtener mayor rentabilidad en otros productos sin riesgo.

Bajo esta premisa, lo ideal sería amortizar hipoteca siempre y cuando el total anual de cuota + amortizaciones alcance esos 9.040€ por un titular o 18.080€ por dos. Si sobrepasamos esa cuantía, en principio sería más interesante mantenerlo en otros productos que nos aporten rentabilidad y posteriormente si en alguna ocasión no llegamos a ese límite indicado de deducción, amortizar tirando de estos "ahorros anteriores".

Esta respuesta, ha sido ligeramente más larga, pues al final se trata de una casuística que si bien no afecta a quienes recientemente hayan adquirido una vivienda, si que sigue afectando, positivamente, a muchas otras que hace años que poseen su vivienda e hipoteca.

- No tengo conocimientos de hojas de cálculo ¿no puedo llevar a cabo esta metodología?

Sí, si puedes. La ventaja de las hojas de cálculo es su facilidad para realizar cálculos y mostrar de un modo no sólo digital, sino bastante comprensible a primera vista de algo como son las finanzas personales y su composición. Cierto es, que acciones como prorratear gastos, mantener un control de ingresos y gastos, hacer previsiones de saldo sobrante, etc., son perfectamente realizables a mano con simplemente un bolígrafo y una hoja de papel. Por otro lado, también tenemos que tener en cuenta que aspectos más complejos y con mayor actualización de datos como puede ser una tabla de amortización de una hipoteca, puede resultar muy tedioso para hacer de este modo más manual.

En cualquier caso, las hojas de cálculo para el nivel en el que se trabaja en este libro, no es necesario tener un gran conocimiento de ellas, en caso de contar con una plantilla ya realizada (como la que hemos utilizado para la creación de este libro) la mayoría de los cálculos y campos ya están creados, con lo cual únicamente deberíamos modificar valores sin más.

De todos modos, animar a todos quienes lean este libro a aprender algo más sobre hojas de cálculo, ya que son herramientas realmente útiles que no únicamente nos ayudarán con pagar nuestra hipoteca antes, también para valorar que coches comprar (por ejemplo, en base a devaluación de su valor según la marca y modelo, consumo de gasolina, entre otros), control de tareas, generación de timmings para proyectos propios o profesionales, entre otra gran variedad de utilidades cotidianas y laborales.

Sí bien pueden existir un sinfín de preguntas en base a las particularidades de cada caso, vamos a volver a la historia de nuestra pareja preferida para ver como podemos conseguir algo tan ansiado como es la fecha, prevista, de liquidación de su hipoteca.

CAPÍTULO 8 –¿PAGAMOS LA HIPOTECA EN 9 AÑOS?

Después de todo lo anteriormente visto y con un control mucho más optimizado de sus finanzas personales, la pareja realiza uno de los cambios más importantes en su plantilla de amortización de hipoteca, van a extrapolar su ahorro potencial de cada mes + los diferentes ahorros vs cuota inicial (que veíamos en el capítulo 6) que se van creando a medida que se van realizado más aportaciones a amortizar el préstamo. Para ello se ayudan de una tabla resumen como la siguiente:

Mes	S_Pedro	S_Claudia	Gastos	Sobrante
1	1.400,00 €	960,00 €	1.980,08 €	379,92 €
2	1.400,00 €	960,00 €	1.980,08 €	379,92 €
3	1.400,00 €	960,00 €	1.980,08 €	379,92 €
4	1.400,00 €	960,00 €	1.980,08 €	379,92 €
5	1.400,00 €	960,00 €	1.980,08 €	379,92 €
6	2.800,00 €	1.920,00 €	1.980,08 €	2.739,92 €
7	1.400,00 €	960,00 €	1.980,08 €	379,92 €
8	1.400,00 €	960,00 €	1.980,08 €	379,92 €
9	1.400,00 €	960,00 €	1.980,08 €	379,92 €
10	1.400,00 €	960,00 €	1.980,08 €	379,92 €
11	1.400,00 €	960,00 €	1.980,08 €	379,92 €
12	2.800,00 €	1.920,00 €	1.980,08 €	2.739,92 €
TOTAL	19.600,00 €	13.440,00 €	23.760,96 €	9.279,04 €
PROMEDIO MES	1.633,33 €	1.120,00 €	1.980,08 €	773,25 €

En esta tabla, podemos encontrar algo tan simple como los diferentes meses del año, los ingresos de cada miembro dichos meses y los gastos (que vemos son estables gracias al prorrateo que trabajaron anteriormente) así como el sobrante, que será el importe destinado (base) a la amortización parcial de la hipoteca de la pareja. A esta tabla se le añade otra relacionada con el cuadro de amortización donde la pareja puede ver cuantos meses faltan hasta la liquidación de su préstamo.

MESES RESTANTES	INTERESES	DIF ORIGINAL
360,00	35.363,34 €	0,00 €

En esta tabla encontramos 3 conceptos clave que están apunto de variar gràcias a todo el trabajo precio realizado por la pareja:

- Meses restantes: meses hasta la finalización del préstamo. Al ser a 30 años nos aparecen los 360 meses correspondientes

- Intereses: cantidad de euros (€) que vamos a pagar a lo largo de la vida del préstamo

- Dif. Original: intereses que vamos a ahorrar vs intereses originales (vs 35.363,34€) tras las amortizaciones parciales

Lo que realizaron en última instancia fue indicar a la primera hoja del archivo excel cuanto se amortizaría cada mes y para ello se basaron en la tabla anterior junto a la diferencia vs cuota inicial. ¿El resultado?

	MESES RESTANTES	INTERESES	DIF ORIGINAL
ANTERIOR	360,00	35.363,34 €	0,00 €
ACTUAL	114,00	9.792,38 €	25.570,96 €

¿114 meses de hipoteca? ¡Sí!

El resultado de todo el trabajo realizado por Pedro y Claudia se convierte en un resultado tangible, en una previsión a largo plazo optimista donde en 9,5 años o lo que es lo mismo en 9 años y 6 meses conseguirán liquidar su hipoteca de 30 años. No sólo eso, sino que en el camino **conseguirán ahorrar la friolera de 25.570,96€** en intereses pagando en toda la vida útil del préstamo 9.792,38€ en este concepto.

Para hacernos una idea más clara de lo que ha sucedido en este proceso mostramos la parte superior e inferior de su cuadro de amortización:

PRIMEROS MESES

Cuota	Interés	Capital amortizado	Capital Pendiente	Cuotas pend.	Amortización Parcial
			127.000,00 €	360	
444,42 €	169,33 €	655,01 €	126.344,99 €	359	379,92 €
443,09 €	168,46 €	655,88 €	125.689,11 €	358	281,25 €
441,75 €	167,59 €	656,75 €	125.032,36 €	357	382,59 €
440,40 €	166,71 €	657,63 €	124.374,73 €	356	383,94 €
439,05 €	165,83 €	658,51 €	123.716,22 €	355	385,29 €
437,68 €	164,95 €	3.019,39 €	120.696,84 €	354	2.746,66 €
427,95 €	160,93 €	663,41 €	120.033,43 €	353	396,39 €
426,54 €	160,04 €	664,30 €	119.369,13 €	352	397,80 €

ÚLTIMOS MESES

Cuota	Interés	Capital amortizado	Capital Pendiente	Cuotas pend.	Amortización Parcial
25,06 €	7,88 €	816,46 €	4.438,32 €	251	799,28 €
21,23 €	6,66 €	817,68 €	3.620,64 €	250	803,11 €
17,38 €	5,43 €	818,91 €	2.801,73 €	249	806,96 €
13,49 €	4,20 €	820,14 €	1.981,59 €	248	810,85 €
9,57 €	2,97 €	821,37 €	1.160,22 €	247	814,77 €
5,62 €	1,74 €	3.182,60 €	2.022,38 €	246	3.178,72 €

Podréis observar como al amortización parcial se ha ido incrementando en importe de froma substancial hasta llegar a ser más del doble que al inicio del préstamo, y es que, como indicaba en capítulos anteriores, todo lo reducido vs cuota inicial, se emplea para acelerar el proceso y amortizar la hipoteca. Por tanto, podríamos ver como, por ejemplo, en el caso de la primera línea de "Últimos meses" la amortización parcial de 799,28€ corresponde a los 379,92€ que amortizábamos en el primer mes de préstamo + la diferencia entre la cuota inicial (444,42€) y la actual (25,06€).

También observar la parte final de nuestro préstamo puede darnos que pensar y es que en el primer mes que podemos ver, donde aún quedan 6 cuotas para liquidar totalmente nuestra hipoteca, estaremos adeudando 4.438,32€ no obstante realmente estaremos pagando en forma de intereses 7,88€ al mes. Esto puede llevarnos a la conclusión que, aunque en 6 meses podríamos liquidar la hipoteca, quizás prefiramos emplear, según el momento en que nos encontremos, el dinero del ahorro de los próximos meses a, por ejemplo, hacer un buen viaje en familia pues 7,88€ al mes de intereses nos resulte algo poco molesto y asumible y que de emplear ese capital para finalizar el préstamo nos suponga quedarnos ese año sin vacaciones. Por ello será subjetivo el realizar algún tipo de parón en la parte final de nuestro préstamo en cuanto a amortización se refiere si tenemos en la lista de pendientes otra serie de inversiones que pueden ser suficientemente atractivas para soportar esos intereses que podrían desaparecer al finalizar el préstamo, pero que por su situación en el tiempo no pueden esperar a la liquidación de este.

CAPÍTULO 9 –TIPS AVANZADOS

A lo largo de este libro hemos ido viendo como un correcto control de nuestros ingresos y gastos, así como una previsión de lo que sucederá en los próximos meses nos permite maximizar nuestra capacidad de ahorro al tener un mayor control sobre lo que nos sucede a nivel financiero. Al margen de este control existen algunos tips o técnicas que pueden ayudarnos a reducir en mayor o menor medida el tiempo que tardaremos en pagar nuestra hipoteca **sin necesidad de incrementar nuestros ingresos**. En el caso de quien escribe este libro, llevé a cabo los tres consejos que vamos a ver, por ello puede considerarlos testados y funcionales, si bien hay que tener claro lo que hacemos y porque lo hacemos, nuestro objetivo es amortizar a mayor velocidad la hipoteca, no disponer de mayor flujo de caja, etc.

Sin más preámbulos vamos a ver las tres técnicas o tips "avanzados" que podemos llevar a cabo si queremos reducir aún más la duración de nuestro crédito hipotecario.

TIP 1 – PRORRATEO DE PAGAS DOBLES

Este tip es sin duda uno de lo más fácilmente comprensibles si bien habrá quien no le suponga mejoras extra porque su empresa, simplemente ya le está pagando en 12 pagas por ello en realidad ya lo está aplicando.

Disponer de 14 o 15 pagas es algo habitual en las empresas de nuestro país. El recibir un ingreso de algo más del doble de nuestro salario 2 o 3 veces al año es una alegría difícilmente comparable y más aún dadas sus fechas de pago que suelen coincidir con el inicio del verano (y de unas potenciales vacaciones) y en fin de año con la llegada próxima de navidades y los regalos. Pero lo cierto es que, desde un punto de vista financiero, cobrar en 14 o 15 pagas implica que en cierto modo estamos financiando a nuestra empresa que se guarda una parte de nuestro salario cada mes y "libera" cada 4 o 6 meses empleándolo mientras para sus necesidades.

Si ese extra que generamos cada mes y que en junio y diciembre recibimos, lo tuviésemos integrado en nuestro salario habitual nos permitiría aumentar las aportaciones mensuales a amortizar hipoteca. ¿Y ello tendría algún efecto? Si bien es cierto que dejaremos de avanzar tanta cuantía en los meses de paga doble, el poder avanzar mayor cantidad los otros 10 meses compensará.

Veamos en el siguiente ejemplo como pueden cambiar los resultados según si avanzamos en base a un salario en 14 pagas vs el mismo salario prorrateado a 12 pagas.

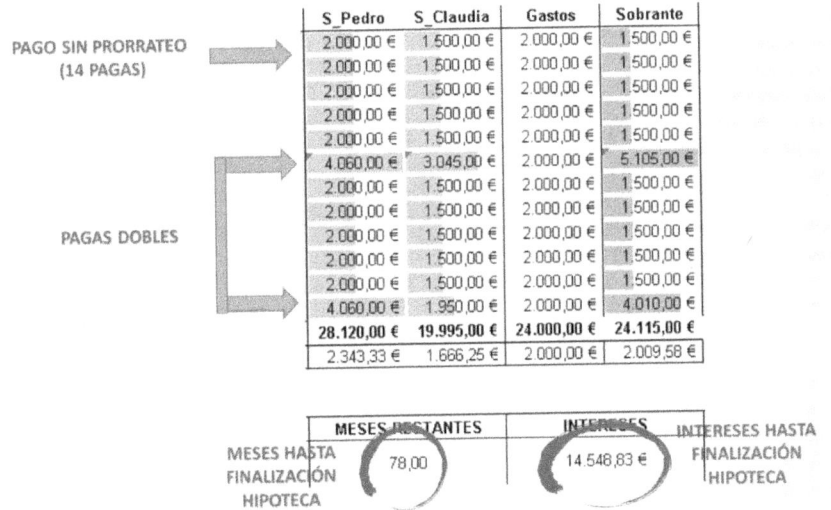

Si en lugar de avanzar una cuantía mayor en dos ocasiones, lo

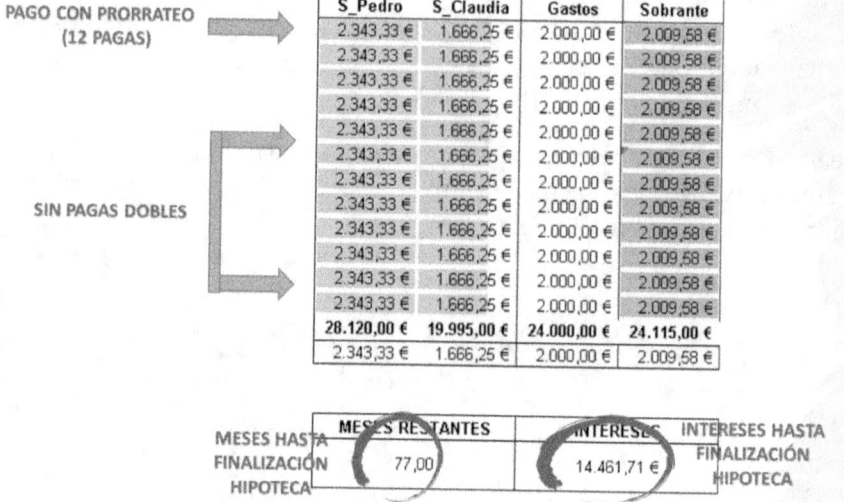

hacemos en 10 (sin modificar los ingresos ni los gastos por ello) sucede lo siguiente:

¿Qué ha sucedido realmente con este cambio?

- Hemos mantenido unos ingresos estables a lo largo del año sin alterar el cómputo total (28.120€ anuales por parte de Pedro y 19.995€ por parte de Claudia). De igual modo, los gastos que ya tenemos prorrateados se han mantenido estables en 24.000€ anuales y por ende, el "sobrante" sigue inalterado en 24.115€.

- Sin aumentar ingresos ni reducir gastos hemos conseguido rebajar en 1 mes la duración de la hipoteca

- Sin aumentar ingresos ni reducir gastos hemos conseguido reducir en 87,12€ los intereses pagados.

- En la última cuota de nuestra hipoteca nos sobró en un inicio 747,28€ (salarios − gastos − última cuota hipotecaria) mientras que tras el prorrateo esa última cuota, no sólo es un mes anterior (lo cual ya nos aporta un mes extra de amortización que pasa a ser ahorro) sino que nos siguen sobrando 395,20€.

Por tanto, hemos hecho un cambio realmente interesante y recomendable para la mayoría de las personas pues su poder, sobre todo a largo plazo, puede ser muy importante a nivel económico. En el caso calculado se podría cuantificar en dos datos:

- **1 mes menos de hipoteca**

- 2.009,58€ (ahorro en ese mes menos de hipoteca) + 395,20€ − 747,28€ (que nos sobrarían en la última cuota de no haber prorrateado) = **1.657,5€ más en nuestra cuenta corriente**

Sabemos que no siempre será posible conseguir un prorrateo de pagas pues dependerá de la política salarial de la compañía, grado de flexibilidad del departamento laboral, etc., o incluso que seamos funcionarios y directamente no se nos ofrezca esta opción, no obstante, en la mayoría de casos será posible o cuanto menos negociable y ya vemos, que podrá aportarnos beneficios concretos y objetivos en nuestras finanzas personales.

TIP 2 – AMORTIZACIÓN EN BASE A CRÉDITO

¿Pedir un crédito para adelantar hipoteca? ¡No! Tranquilos, no van por aquí los tiros. Cuando hablamos de amortización en base a crédito es algo un tanto más creativo.

Comúnmente, y salvo que tengáis 12 pagas o hayáis seguido el tip anterior, suelen existir momentos durante el año que disponemos de las llamadas pagas dobles, también existen otras extraordinarias como pagas de beneficios, por consecución de objetivos, etc. El objetivo principal de este tip es intentar aprovechar esos momentos de incremento de ingresos donde nuestro "sobrante" o ahorro es superior, e intentar dejarlo cercano a 0€. Si os parece lo vemos con números que siempre ayuda a contextualizar mejor.

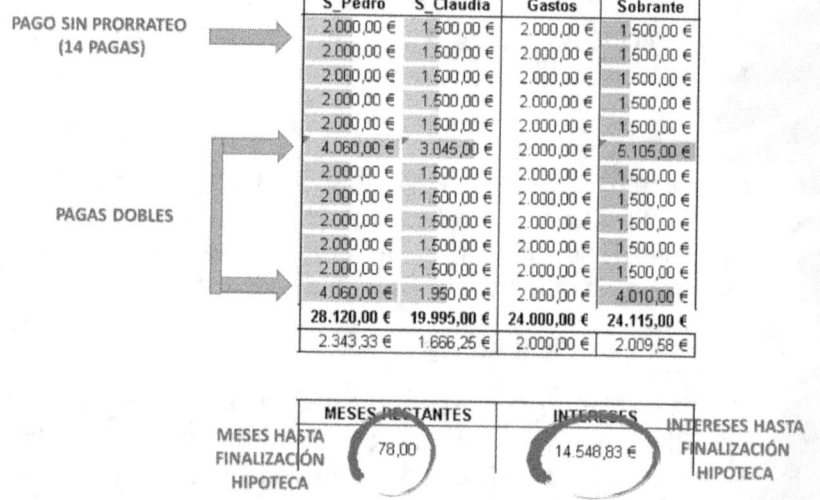

Como vemos estos datos que son los mismos que veíamos en el tip anterior, muestran una capacidad de amortización mayor en los meses de Junio y Diciembre. La idea principal de este consejo es "prorratearnos las pagas" a través de amortizar por encima de nuestras posibilidades durante los 10 meses al año que no disponemos de paga doble. Veamos estos mismos datos con dicho prorrateo:

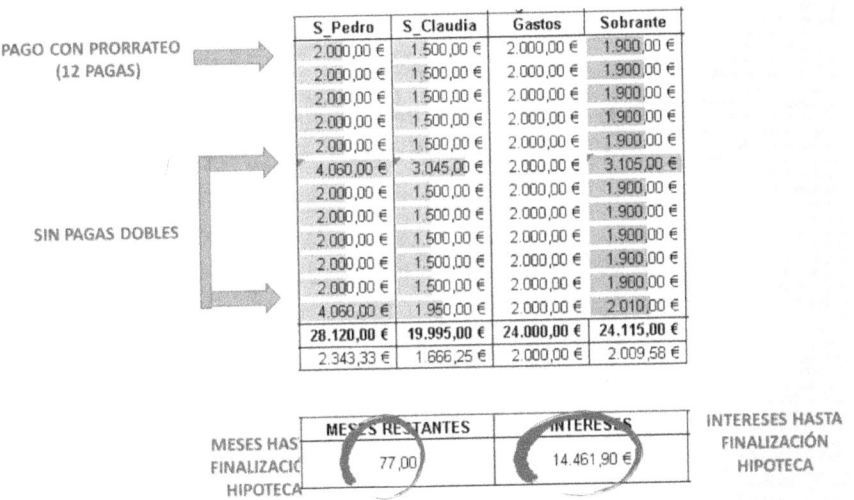

La diferencia principal entre la imagen anterior y la actual es que observamos un incremento de la capacidad de amortización de +400€ durante los meses sin paga doble (de 1.500€ a 1.900€) mientras que en Junio y Diciembre se reduce en 2.000€. ¿Y de que sirve esto?

Como podemos observar en la parte inferior de la imagen, hemos pasado de amortizar nuestra hipoteca en 78 meses a 77 meses lo cual no sólo nos ahorra algo menos de 100€ en intereses, sino todo un mes de ahorro. ¿Y como es esto posible?

A través de 10 amortizaciones anuales mayores a lo habitual y 2 inferiores, recordemos que en el sistema de amortización francés, en el inicio de un préstamos se paga un mayor número de intereses por ello nos interesa reducir deuda a la mayor brevedad posible, algo que hacemos con este adelanto de 400€ / mes extra.

Por último, indicar que no estamos incrementando ingresos ni reduciendo gastos (igual que sucedía en el tip anterior) únicamente estamos jugando con emplear parte de las pagas dobles antes de cobrarlas. Hay que tener cierto cuidado al emplear este consejo pues un adelanto excesivo podría generarnos problemas de cashflow en los meses de Junio y Diciembre si no lo tenemos en cuenta, al margen de ello no hay un riesgo implícito por el uso de dicha técnica. Recordemos que al final trabajamos con un crédito que aunque no hemos cobrado si lo estamos generado cara a la empresa por ende ante un potencial despido, recibiríamos esta cuantía a la hora del finiquito.

A la hora de calcular nuestra capacidad máxima de amortización anticipada podríamos tener en cuenta que nuestro sobrante en los meses de paga doble se mantenga en positivo con cierto margen.

Si bien en el ejemplo anterior, la rebaja en meses de hipoteca ha sido de un mes, lo cierto es que dependerá de la última cuota que nos quede pendiente pues podemos ir ajustando este valor de 400€ (variable según las finanzas de cada persona) y valorar si con un ligero incremento podemos hacer el salto a reducir un mes más nuestro préstamo. ¡Cuestión de ir jugando con los números!

TIP 3 – EMPLEAR FONDO DE EMERGENCIA EN ÚLTIMOS MESES DEL PRÉSTAMOS HIPOTECARIO

El fondo de emergencia es sin duda un punto clave en las finanzas personales de cualquier persona, pareja, familia, pues nos aporta ese colchón / seguridad que nos ayudará a superar momentos de estrés financieros ya sean creados por imprevistos, pérdidas de trabajo, incremento de cuotas hipotecarias, etc. En este tip vamos a jugar con este importe (que se recomienda sea de una cuantía igual o similar a los gastos fijos x 10 o x 12) para dar una de las últimas estocadas a nuestra hipoteca. ¿Cómo hacerlo para minimizar el riesgo? Apurando hasta los últimos meses de nuestra previsión de amortización. Veamos, nuevamente, un ejemplo:

Fijo	Int. Anual	Int. Mensual	Año	Mes	Cuota	Interés	Capital amortizado	Capital Pendiente	Cuotas pend.	Amortización Parcial
1,80%	1,800%	0,1500%	9	98	121,49 €	39,58 €	2.025,85 €	24.360,15 €	262	1.943,94 €
1,80%	1,800%	0,1500%	9	99	112,51 €	36,54 €	2.028,89 €	22.331,46 €	261	1.952,92 €
1,80%	1,800%	0,1500%	9	100	103,46 €	33,50 €	2.031,94 €	20.299,52 €	260	1.961,97 €
1,80%	1,800%	0,1500%	9	101	94,34 €	30,45 €	2.034,98 €	18.264,54 €	259	1.971,09 €
1,80%	1,800%	0,1500%	9	102	85,15 €	27,40 €	2.604,23 €	SIN USO DE FONDO		2.546,47 €
1,80%	1,800%	0,1500%	9	103	73,24 €	23,49 €	2.041,94 €	EMERGENCIA	256	1.992,19 €
1,80%	1,800%	0,1500%	9	104	63,90 €	20,43 €	2.045,01 €	9.525,29 €	255	2.001,54 €
1,80%	1,800%	0,1500%	9	105	54,48 €	17,36 €	2.048,07 €	7.474,14 €	254	2.010,96 €
1,80%	1,800%	0,1500%	9	106	44,98 €	14,29 €	2.051,15 €	5.419,92 €	253	2.020,45 €
1,80%	1,800%	0,1500%	9	107	35,41 €	11,21 €	2.054,22 €	3.733,82 €	252	2.030,03 €
1,80%	1,800%	0,1500%	9	108	25,76 €	8,18 €	2.733,82 €	1.686,09 €	251	3.716,19 €
1,80%	1,800%	0,1500%	10	109	8,04 €	2,53 €	2.062,90 €	376,81 €	251	2.057,39 €

Fijo	Int. Anual	Int. Mensual	Año	Mes	Cuota	Interés	Capital amortizado	Capital Pendiente	Cuotas pend.	Amortización Parcial
1,80%	1,800%	0,1500%	9	98	121,49 €	39,58 €	2.025,85 €	24.360,15 €	262	1.948,94 €
1,80%	1,800%	0,1500%	9	99	112,51 €	36,54 €	2.028,89 €	22.331,46 €	261	1.952,92 €
1,80%	1,800%	0,1500%	9	100	103,46 €	33,50 €	2.031,94 €	20.299,52 €	260	1.961,97 €
1,80%	1,800%	0,1500%	9	101	94,34 €	30,45 €	9.534,98 €	USO DE FONDO	258	9.471,09 €
1,80%	1,800%	0,1500%	9	102	50,19 €	16,15 €	2.613,48 €	EMERGENCIA	257	2.581,44 €
1,80%	1,800%	0,1500%	9	103	38,11 €	12,22 €	2.053,21 €			2.027,32 €
1,80%	1,800%	0,1500%	9	104	28,60 €	9,14 €	2.056,19 €	4.039,56 €	256	2.036,83 €
1,80%	1,800%	0,1500%	9	105	19,01 €	6,06 €	2.059,37 €	1.980,19 €	255	2.046,42 €
1,80%	1,800%	0,1500%	9	106	9,35 €	2,97 €	2.062,46 €	82,28 €	254	2.056,08 €

En el caso del ejemplo que estamos viendo, trabajamos con un fondo de emergencia de 7.500€ lo que equivaldría a 750€ x 10 meses de gastos fijos o 625€ x 12 meses de gastos fijos. Por tanto, un fondo relativamente ajustado pero correcto.

La diferencia entre la primera captura y la segunda, es que en el último año de hipoteca no se emplea el fondo de maniobra para amortizar por ende tardan 12 meses en liquidar el total del préstamo pendiente. En la segunda imagen, se utiliza dicho fondo en el 4º mes pasando de amortizar 1.971,09€ a 9.471,09€. ¿Y que conseguimos con ello? **Reducimos la duración de la hipoteca en 3 meses.**

En este punto hay que hacer varias aclaraciones:

- Vivir sin un fondo de emergencia es algo altamente arriesgado por ello deberemos de tener muy claro que no tenemos a la vista gastos extraordinarios en los próximos meses, celebraciones importantes, inicios de curso escolar, etc.

- También deberemos tener en cuenta que nos encontremos en una situación laboral estable pues si bien no estaremos demasiado tiempo sin fondo de emergencia y nuestra cuota hipotecaria bajará hasta su liquidación, estaríamos ante un riesgo importante si perdiésemos el trabajo.

- El momento de utilizar el fondo de maniobra es algo que podremos modificar según nuestras necesidades, si bien no recomendamos que sea más de 6 meses antes de la liquidación total del préstamo

Al margen de lo anteriormente indicado, lo que está sucediendo es que nuestra aportación extraordinaria de 7.500€ nos ayuda a finalizar la hipoteca antes por ello si bien, en este ejemplo, estamos 5 meses sin fondo de maniobra, empezaremos antes a reconstruirlo pues a partir del mes 6 tendremos toda la capacidad de ahorro anterior + la anterior cuota hipotecaria que ahora ya se convierte también en ahorro lo cual nos ayudará a generar nuevamente este fondo de maniobra en unos pocos meses.

TIP 4 – GANANDO MÁS DE LO PAGADO

No podréis decir que el nombre no es interesante, lo cierto es que el resumen de este tip es muy simple y le encontraréis la lógica de un modo muy rápido, no obstante, siempre suelen haber matices que también comentaremos.

La idea principal de este tip es la de conseguir con el dinero que deseamos emplear en la amortización de la hipoteca, una rentabilidad mayor a la que estamos pagando en forma de intereses con nuestro préstamo. ¿Por qué? Sencillo, no estaremos reduciendo la hipoteca, pero nuestro dinero, al finalizar el préstamo, será mayor que si hubiéramos utilizado las cuantías mensualmente para amortizar. ¿Un ejemplo nos ayudará verdad? ¡Vamos a ello!

	APORTACIÓN	INTERESES	IMPUESTOS / COMISIONES	INT. NETO
AHORRO ANUAL		9 279,00 €		
AMORTIZACIÓN (1,5% INT)	9 279,00 €	139,19 €	0,00 €	139,19 €
INV. FONDO INDEXADO (2,2%)	9 279,00 €	204,14 €	-38,79 €	165,35 €
DIF	0,00 €	64,95 €	-38,79 €	26,17 €

Resultado comparativa

Aquí vemos dos opciones para nuestro dinero:

- OPCIÓN 1 – amortizar hipoteca con nuestros 9.279€ anuales de ahorro

- OPCIÓN 2 – emplear ese dinero en inversiones alternativas como un fondo indexado (fondo que adquieren participaciones equitativas de todas las empresas pertenecientes a un índice con el fin de replicar su oscilación general)

Con la primera opción estamos consiguiendo un ahorro anual en forma de intereses de 139,19€, algo que sabemos sería ligeramente inferior pues no aportamos los 9.279€ a fecha 1 de enero, sino que se realiza de forma paulatina a través del transcurso de los meses del año.

Con la segunda opción y suponiendo un interés promedio del 2,2% bruto obtenemos 204,14€ anuales a los cuales habrá que restarle el 19% de impuestos sobre las plusvalías, lo cual implica una reducción de 38,79€ sobre el bruto y nos deja un interés neto de 165,35€ anuales.

Con todo ello, ¿Qué nos conviene más? Pues en este caso concreto emplear el dinero en un fondo indexado pues con ello estaremos obteniendo 26,17€ al año extras que a su vez podrán invertirse al año siguiente nuevamente haciendo así uso del interés compuesto, un concepto de gran valor sobre todo en inversiones a largo plazo. Nuevamente, un ejemplo explicará de un modo más sencillo:

		APORTACIÓN	INTERESES	IMPUESTOS / COMISIONES	INT. NETO
AÑO 1	AHORRO ANUAL	9.279,00 €			
	AMORTIZACIÓN (1,5% INT)	9.279,00 €	139,19 €	0,00 €	139,19 €
	INV. FONDO INDEXADO (2,2%)	9.279,00 €	204,14 €	-38,79 €	165,35 €
	DIF	0,00 €	64,95 €	-38,79 €	26,17 €
AÑO 2	AHORRO ANUAL	18.558,00 €			
	AMORTIZACIÓN (1,5% INT)	18.558,00 €	278,37 €	0,00 €	278,37 €
	INV. FONDO INDEXADO (2,2%)	18.584,17 €	408,85 €	-77,68 €	331,17 €
	DIF	26,17 €	130,48 €	-77,68 €	52,80 €
AÑO 3	AHORRO ANUAL	27.837,00 €			
	AMORTIZACIÓN (1,5% INT)	27.837,00 €	417,56 €	0,00 €	417,56 €
	INV. FONDO INDEXADO (2,2%)	27.915,97 €	614,15 €	-116,69 €	497,46 €
	DIF	78,97 €	196,60 €	-116,69 €	79,91 €

Si vemos al iniciar el 3º año de ahorro ya no estamos invirtiendo la misma cantidad, pues a medida que pasa el tiempo vamos reinvirtiendo los intereses de nuestra inversión lo cual hace que empecemos el tercer año con un capital inicial 78,97€ superior al que obtendríamos de multiplicar x3 nuestra capacidad de ahorro y generando ya un diferencial de casi 80€ más al año con nuestra inversión vs amortizando hipoteca.

¿Esto siempre es así? Claramente no, obtener un interés bruto del 2,2% no es una meta descabellada ni mucho menos. Cierto es que productos bancarios con nivel de riesgo 1 sobre 10 muy difícilmente, en estos momentos, nos van a aportar más de un 1%, pero con diversificación y productos con algo más de riesgo si es muy viable. Pero hay que tener en cuenta que estos productos pueden llevar consigo comisiones más allá de los impuestos por la plusvalía, por ende a esta sencilla tabla habría que añadir este tipo de comisión.

Por la parte de la amortización de la hipoteca también puede existir variantes como en el caso de existir comisión por amortización anticipada, una comisión que puede rondar el 0,5% según en que momento de la vida del préstamo nos encontremos. Por ende, y si queremos trabajar con una plantilla algo más completa, podríamos utilizar la siguiente y emplear las anteriores más sencillas, como forma de comprender el concepto y la comparativa de ambas opciones.

Por último, hay que indicar que he añadido la columna de inflación, ¿el motivo? Mientras en el caso de amortizar hipoteca, el dinero sale de nuestros bolsillos y por ende la inflación no le afecta pues deja de estar en nuestro poder, en el caso de invertirlo si que estaremos aún gestionando ese patrimonio que se verá golpeado por dicho índice haciendo que su valor real decaiga.

		APORTACIÓN	INTERESES	COM. INVERSIÓN (0,8% CI)	IMP. PLUSVALÍA	COM. AMORTIZ (0,5%)	INFLACIÓN (0,5%)	INT. NETO
AÑO 1	AHORRO ANUAL				9.279,00 €			
	AMORTIZACIÓN (1,5% INT)	9.279,00 €	139,19 €	0,00 €	0,00 €	-46,40 €	0,00 €	92,79 €
	INV. FONDO INDEXADO (2,2%)	9.279,00 €	204,14 €	-74,23 €	-38,79 €	0,00 €	-46,40 €	44,72 €
	DIF	0,00 €	64,95 €	-74,23 €	-38,79 €	46,40 €	-46,40 €	-48,07 €
AÑO 2	AHORRO ANUAL				18.558,00 €			
	AMORTIZACIÓN (1,5% INT)	18.558,00 €	278,37 €	0,00 €	0,00 €	-92,79 €	0,00 €	185,58 €
	INV. FONDO INDEXADO (2,2%)	18.509,93 €	408,28 €	-148,08 €	-77,57 €	0,00 €	-92,55 €	90,07 €
	DIF	-48,07 €	129,91 €	-148,08 €	-77,57 €			-95,51 €
AÑO 3	AHORRO ANUAL				27.837,00 €			
	AMORTIZACIÓN (1,5% INT)	27.837,00 €	417,56 €	0,00 €	0,00 €	-139,19 €	0,00 €	278,37 €
	INV. FONDO INDEXADO (2,2%)	27.693,43 €	612,41 €	-221,55 €	-116,36 €	0,00 €	-138,47 €	136,04 €
	DIF	-143,57 €	194,86 €	-221,55 €	-116,36 €	139,19 €	-138,47 €	-142,33 €

Como vemos en la tabla anterior, el resultado difiere del que hemos visto previamente. El motivo es que tanto la columna de comisión en la inversión, la comisión por amortización parcial de la hipoteca o la inflación son aportes negativos para la rentabilidad. De hecho y como vemos, según las variables de comisión en la inversión y la inflación anual puede llegar a ser más rentable amortizar hipoteca a no ser que consigamos rentabilidades brutas superiores a ese 2,2% del que hablábamos.

TIP 5 – ¡MIX DE TIPS!

Existe la opción de hacer un mix de los 3 tips anteriores con el fin de maximizar sus beneficios al nivel más alto. En este caso y para entender como ha de ser la decisión, deberemos tener en cuenta varias variables por tanto no será simplemente aplicar el tip 1, posteriormente el 2 (incompatible parcial o totalmente con el 1) y por último el 3, sino que será una medida concreta de cada uno. Imaginemos que tenemos una mezcladora donde podemos ir ajustando cada medida de las trabajadas en los tips.

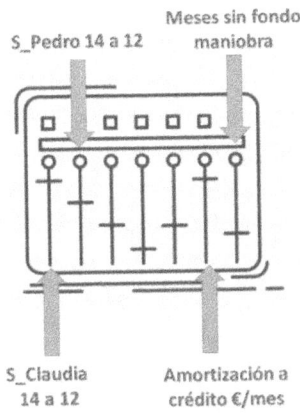

Una situación común podría ser:

- El salario de sólo uno de los integrantes de la familia puede prorratearse de 14 / 15 a 12 pagas
- Puesto que uno de los trabajos es temporal y no indefinido se considera avanzar únicamente 250€ / mes en forma de amortización a crédito
- Unos ahorros de 5.000€ que pueden estar en un depósito a plazo fijo lo cual supone esperar hasta su vencimiento para emplearlos para amortizar o perder parte o la totalidad de intereses generados ese año

Por tanto, no siempre se podrá aplicar el tip 1 para todos los salarios del hogar, no siempre podremos o será oportuno dejar el sobrante de junio y diciembre cerca de 0€ para aprovechar al máximo el tip 2 o nos arriesgaremos a estar tantos meses sin un fondo que nos de seguridad y nos permita dormir tranquilos.

A través de la dosis adecuada de cada tip conseguiremos nuestra propia fórmula para acabar de pagar nuestra hipoteca con mayor antelación. Se que puede parecer algo complejo, por ello os animo a ayudaros del archivo Excel con el que he trabajado a lo largo de este libro y de este modo hacer mucho más rápida la toma de decisiones y la realización de las diferentes simulaciones. Recordar, dicho Excel lo podréis encontrar en el siguiente enlace:

www.pagatuhipoteca.com

CAPÍTULO 10 – RECAPITULANDO

Llegados a este punto, y espero que gracias a la ayuda del índice no hayas iniciado este libro en el capítulo 8, creo que hemos alcanzado un nivel de detalle bastante importante en el conocimiento, planteamiento, seguimiento y optimización de nuestras finanzas personales. En este caso y como objetivo "principal" de este libro, encontramos el pago de nuestra hipoteca en un plazo de 9 años (siempre empleando datos promedios como los de Pedro y Claudia) pero realmente hemos trabajado mucho más que eso. Con esta forma de gestionar nuestro dinero, controlar los ingresos y gastos, tips de amortización anticipada, etc. realmente estaremos consiguiendo mejorar nuestra libertad y quien sabe si para algunos puede servir para iniciar el camino hacia la tan ansiada y de moda, libertad financiera, algo que suena más a teórico que práctico, pero que con este nuevo planteamiento seguro veremos más clara su viabilidad.

En estos próximos años es probable que lo que más te importe sea liquidar tu hipoteca pues es el gasto más cuantioso de los que actualmente os llegan a la cuenta corriente mensualmente, pero en unos años (¿9?), se generarán otras prioridades como pueda ser el ahorro para la universidad de los hijos, la compra de un nuevo coche que en esta ocasión quizás desearemos que sea de una gama más alta, la adquisición de una segunda residencia (tranquilos no haré un libro sobre como pagar la segunda residencia en 9 años, ya sabéis como hacerlo), entre otros, objetivos para los cuales ya estáis preparados en la parte de planificación financiera.

También os animo a haceros con la plantilla que hemos empleado a lo largo del libro para mostrar los números y avances de Pedro y Claudia, si bien no es algo imprescindible ni mucho menos para vuestro objetivo, sí que os puede ayudar a hacer estos números, sobre todo aquellos referentes a la amortización mes a mes

Por todo ello únicamente me queda despedirme de ti lector/a, espero que, con esta lectura, que he intentado sea lo más amena posible dentro de una temática que para muchos puede resultar pesada y con pocas ganas de afrontar, pero que en realidad nos afecta a todos, afecta a nuestro bolsillo de una u otra manera y nos está impidiendo disfrutar más de nuestra vida con los recursos que actualmente tenemos. Por ello y por haber llegado hasta aquí sólo puedo decirte ¡Gracias!

Si te ha gustado este libro, te animo a que se lo prestes a amigos y conocidos a los que creas pueda interesarle (¿te has fijado en mi detalle?, no he aconsejado que se lo compren, sino que lo prestes, ¡todo suma!) y poco más puedo pedirte más allá que intentes mantener este proceso que hemos tratado en el libro y que ello te aporte a ti y los tuyos algo de valor.

¡Nos vemos / leemos pronto!

VOCABULARIO

Término	Definición
Amortización de capital	En la cuota de un préstamo, es la parte correspondiente a la devolución del capital solicitado.
Capital amortizado	Es la parte del capital que ya ha sido devuelto desde el inicio del préstamo (ya sea hipotecario o de otro tipo).
Historial crediticio	Informe emitido por una entidad especializada donde se detallan los antecedentes de pagos e impagos de una persona. Es un instrumento utilizado por los bancos para evaluar la solvencia y capacidad de pago del solicitante de un préstamo. Es la suma de los antecedentes financieros de un consumidor.
Productos Vinculados	Son productos de los bancos que deben contratarse para obtener una hipoteca y/o conseguir mejores condiciones. También son conocidos como vinculaciones.
Ratio de endeudamiento	Es un coeficiente utilizado por las entidades de crédito que calcula qué parte de tus ingresos se destina al pago de tus deudas. La fórmula, al calcular la ratio de endeudamiento para una hipoteca, está compuesta por la "cuota de tu hipoteca" sumada a la "cuota de otros préstamos" y esta suma se divide entre tus ingresos.
Euribor	Es el índice de referencia más utilizado en España para otorgar préstamos hipotecarios. Representa la media de los tipos de interés por los préstamos de dinero concedidos por los 64 bancos con mayor volumen de negocio de la Unión Europea. Es un índice variable que fluctúa con la expansión/retracción de la economía.
Cancelación	Devolución anticipada de parte del capital

parcial de la hipoteca	de un préstamo, sin llegar a liquidarlo. Generalmente, el banco cobra una comisión por cancelación parcial, aunque puede negociarse.
Diferencial	Porcentaje que las entidades financieras añaden al índice de referencia (Euribor, IRPH) para calcular el tipo de interés variable. Se trata de un dato importante a la hora de firmar un préstamo y es negociable con el banco.
Novación	Documento público a través del cual, el cliente y la entidad financiera, acuerdan ciertas modificaciones del contrato de la hipoteca. La novación implica una modificación sin cambio de entidad. Es la modalidad más barata para realizar cambios permanentes al préstamo hipotecario.
Cancelación registral de una hipoteca	Cuando se cancela la hipoteca con el banco, se procede a eliminar la carga del Registro de la Propiedad. Para ello, se firma ante notario una escritura anulando la carga del Registro.
Interés Mixto	Es un tipo de interés compuesto por dos etapas. En la primera etapa se aplicará un interés fijo y en la segunda etapa de la vida del préstamo se aplicará un interés de tipo variable (EURIBOR + Diferencial)
Subrogación	Es el proceso jurídico para cambiar nuestra hipoteca a otra entidad financiera mejorando las condiciones económicas. La subrogación permite modificar el tipo de interés o el plazo de amortización.

www.ingramcontent.com/pod-product-compliance
Lightning Source LLC
Chambersburg PA
CBHW070317220526
45465CB00004B/1883